图书在版编目（CIP）数据

烟雨无痕，岁月无恙：李清照传 / 兰丽敏著. —北京：北京理工大学出版社，2019.7

ISBN 978-7-5682-6206-4

Ⅰ. ①烟… Ⅱ. ①兰… Ⅲ. ①李清照（1084–约1151）—传记 Ⅳ. ①K825.6

中国版本图书馆CIP数据核字（2018）第193272号

出版发行 / 北京理工大学出版社有限责任公司
社　　址 / 北京市海淀区中关村南大街 5 号
邮　　编 / 100081
电　　话 / （010）68914775（总编室）
（010）82562903（教材售后服务热线）
（010）68948351（其他图书服务热线）
网　　址 / http: //www.bitpress.com.cn
经　　销 / 全国各地新华书店
印　　刷 / 三河市金元印装有限公司
开　　本 / 889 毫米 × 1194 毫米　1/32
印　　张 / 8
字　　数 / 232千字
版　　次 / 2019 年 7 月第 1 版　2019 年 7 月第 1 次印刷
定　　价 / 49.00元

责任编辑 / 李慧智
文案编辑 / 李慧智
责任校对 / 周瑞红
责任印制 / 施胜娟

前言

绿肥红瘦 艳绝千秋

从古至今，世人喜欢用花比喻女人的容貌，也喜欢用花来喻示女人的一生。

李清照正是一朵艳绝千秋的女人花，她在红尘中艳丽地开放，也在红尘中孤寂地凋谢。

李清照以一颗玲珑心，书写着那些陪伴她走过青春和人生的“花儿”，那些“花儿”其实是她自己生命的缩影。似水流年里，那些“花儿”让她欢喜让她忧。

爱上一个物品与爱上一个人本没有太大区别，经年酝酿的情意可以是让我们深爱的理由，一瞬间的心动也可以是让我们深爱的理由。无论何种理由，李清照都无法对独占春首的梅花熟视无睹。

而她自己也活得如梅花，经历着属于她的红尘劫。正应了其故居门口悬挂的那副楹联：

> 与青莲后主齐名，词坛载誉称三李。
>
> 同绿绮梅花做伴，杏靥含愁寂半生。

李清照一生曲曲折折，饱尝人间酸甜苦辣。

二八年华，小试锋芒，一首《如梦令》名动京华。“兴尽晚回舟，误入藕花深处。争渡，争渡，惊起一滩鸥鹭。”寥寥数字勾勒出因醉酒贪玩而高兴忘归，最后误入“藕花深处”的少女形象。

新婚燕尔，特意将梅花“云鬓斜簪”，笑称“怕郎猜道，奴面不如花面好。云鬓斜簪，徒要教郎比并看”。此时的李清照无疑是幸福的，竟与梅花争起宠来，撒着娇问丈夫：我好看还是花好看？简短的语言，将夫妻两人的甜蜜生活描绘了出来。

然而，美满尽处，她的生命色彩忽而转了色调。

金兵入侵，国土沦丧，李清照人到中年时，丈夫赵明诚不幸撒手西去。

李清照本就不羁，红尘中的世俗，不会摧毁她。

西风卷起一帘幽梦，飘雨的黄昏，她伴着一盏孤灯细听窗外雨打芭蕉的声音。

晓风疏月，垂柳如丝。《一剪梅》《浣溪沙》《小重山》《渔家傲》《蝶恋花》《声声慢》……这些朗朗上口的词作，她都是信手落墨写就，天然成词。

秋已暮，红香少。“如今憔悴，风鬟霜鬓，怕见夜间出去。不如向、帘儿底下，听人笑语。”

江南小院，青铜玉鼎，香烟袅袅，三杯两盏淡酒，怎敌得乍暖还寒的晚来风急。倚窗独坐，看满园落花，泪映残妆。

案上摆几卷《金石录》，怀中揣一段记忆，完良人未遂之工。卿本佳人，却着一身落寞，渐渐迟暮。

颠沛流离后，满地黄花中，一个擅书画、通音律、工诗词、精金石的旷世才女，转身而去。

借问，清照冢前，可有黄花数朵？“满地黄花堆积。憔悴损，如今有谁堪摘？守著窗儿，独自怎生得黑？”绵绵的惆怅，绝美的词篇，被人们传诵至今。

目录 • Contents

第二章　佳人才子　千古绝唱

第三章　元祐党争　被迫分离

第四章　幸福时光　当时只道是寻常

第五章　应悲易水寒

序章

独步千古

李清照作为婉约派杰出的女词人，与唐代李白、南唐李煜并称“三李”，有“千古第一才女”“婉约宗主”之称，其才华名贯古今，鲜有人能出其右。

朱彧在《萍洲可谈》中曰：“本朝女妇之有文者，李易安为首称。易安名清照，元祐名人李格非之女。诗之典赡，无愧于古之作者；词尤婉丽，往往出人意表，近未见其比。”

明人陈宏绪在《寒夜录》中评曰：“古文、诗歌、小词，并擅胜场。虽秦黄辈犹难之，称古今才妇第一，不虚也。”

李调元《雨村词话》中评曰：“词无一首不工，其炼处可夺梦窗之席，其丽处直参片玉之班。盖不徒俯视巾帼，直欲压倒须眉。”

这些评价就是最好的证明，也足可见她在中国文坛的地位。

令人遗憾的是，李清照流传下来的作品却并不多。现存的词五十余首、诗作十余首、文章八篇，总数也不过七八十篇。尽管其传世作品这般少，细细翻阅品读，却总能收获良多。

不同于苏轼的豪放、柳永的通俗、周邦彦的格律精严，李清照的词可谓独树一帜。很多时候，那些清丽的句子，不费吹灰之力便能引起人们共鸣，既能让人欣然而笑，也能让人潸然泪下。

在她笔下，青春少女是何等的娇俏，“见客入来，袜刬金钗溜。和羞走，倚门回首，却把青梅嗅”。爱情又是如此的令人陶醉，“怕郎猜道，奴面不如花面好。云鬓斜簪，徒要教郎比并看”。小别之下，相思情浓，难以割舍，“一种相思，两处闲愁。此情无计可消除，才下眉头，却上心头”。国破家亡，天涯孤旅，是何等的凄楚，“寻寻觅觅，冷冷清清，凄凄惨惨戚戚”。即便身处这样的乱世，即便国破家亡“怎一个愁字了得”的时候，李清照内心深处仍惦念着昔日兵败垂成的悲剧英雄，发出“生当作人杰，死亦为鬼雄”的呐喊。甚至在垂垂暮年，仍能发出“木兰横戈好女子。老矣不复志千里，但愿相将过淮水”的有力声音。

在她笔下，四月雨后的清晨，海棠正“绿肥红瘦”。月华如水的春夜，“秋千巷陌，人静皎月初斜，浸梨花”。艳阳之下，廊下的牡丹开得正好，“容华淡伫，绰约俱见天真”。炎热夏日，则难免会兴起乘舟“误入藕花深处”的兴致。萧瑟秋日，白菊如雪似玉，“渐秋阑、雪清玉瘦，向人无限依依”，桂花则“暗淡轻黄体性柔，情疏迹远只留香”。凛冽冬日，“雪里已知春信至，寒梅点缀琼枝腻”……

在她笔下，梅兰竹菊俱是有情，南地的芭蕉懂得离人心绪；春花秋月俱是可意，无数相思浓愁透过它们得以表现；清酒浓茶俱是知己，多少次的临窗小酌、秉烛夜读有它们相伴。

她的词作里，有千千万万个怀春少女的娇羞形象，也有千千万万个深陷爱河的情侣的影子，更有数不尽的相思愁肠。那凝结着轻愁的爱情在她笔下生动鲜活，那国破家亡的凄惨在她笔下又透露着些许希望，哀伤里又蕴含着一抹坚强。透过李清照的文字，我们可以看见一个乱世弱女子的风骨。

虽然李清照早已逝去千年，但她的诗词却从未远离我们。春夏秋冬、桃李芳华，人生喜乐、爱恨悲欢，其中滋味都可在李易安的诗词中品味一番。

如今，我们穿越千年的时光重新品读李清照的诗词，何不将心中那些或深或浅的忧伤慢慢释放，让自己的心灵得到升华呢？

第一章

李清照的青葱时代

四面荷花三面柳

李清照于宋神宗元丰七年（1084年）出生于一个爱好文学艺术的士大夫家庭。父亲李格非是济南历下人士，官至提点刑狱、礼部员外郎。

李格非不仅是官员兼文学家，还是苏东坡的学生，家里的藏书很多。现存于曲阜孔林思堂之东斋的北墙，从南起第一方石碣上刻有："提点刑狱、历下李格非，崇宁元年正月二十八日率褐、过、迥、逅、远、迈，恭拜林冢下。"李清照在《上枢密韩肖胄二首》诗序中称"父祖皆出韩公门下"。这里的"韩公"指的就是韩琦。韩琦在当时很有威望，与范仲淹并称"韩范"。当时，许多士人和朝廷官员都得到过他的引荐或任用，李清照的祖父与父亲也曾有这样的经历。

从小生活在官宦之家的李清照，自然眼界开阔气质不俗。自幼受到家里文学艺术的熏陶，更是让她能深切而细微地感知生活之美。

李清照少年时就已有诗名。她早期的老师，大名鼎鼎的晁补之，与秦观、黄庭坚、张耒合为“苏门四学士”。十六七岁的时候，李清照作了《浯溪中兴颂诗和张文潜二首》，受到当时一干名士的赞赏。

北宋时期，由于社会环境的限制，女子读书识字并不常见，她们更多的是待在家里做针凿女红。有些官宦人家的女子最多也就是学习一下《礼记》，读史书乃至诗文杂说等迁移性情之作一般不被允许，有的家庭甚至严禁女子读书识字。

李格非作为“苏门后四学士”之一，其学术思想、人生态度以及家教思想无不深受苏轼的影响。苏轼作为豪放派代表人物，崇尚自然，提倡个性，鄙视扼杀人性。故而，李格非给李清照提供的是一个宽松的家庭环境，这也使得李清照的人格及创作都未受到压抑。正是基于此，李清照幼年便接受了良好的早期教育，书法、绘画、琴艺更是不在话下。而据她后来在诗文中引用典籍的情况看，她读书涉猎广泛，从四书五经等儒家经典，到《左传》《史记》《汉书》等历史典籍，再到《楚辞》《文选》、“建安七子”诗文、唐人散文及诗词等历代文学，还有《淮南子》《吕氏春秋》《世说新语》等诸多杂书，体现出李清照有着一个完整的知识体系。正如《女性词史》云：李清照所受的教育，是一种全面的“人”的教育，而不是狭隘的“女人”教育。

关于李清照的出生地，一直有个误解。“四面荷花三面柳，一城山色半城湖”说的是济南，而“一斛清泉柳絮飏，萧萧故宅但斜阳”说的则是柳絮泉，于是在很长一段时间里，人们以为济南大明湖畔柳絮泉边是李清照故居所在地。清人有《柳絮泉访李易安故宅》的诗，郭沫若也曾为这里的李清照纪念堂题词：“大明湖畔，趵突泉边，故居在垂杨深处；漱玉集中，金石录里，文采有后主遗风。”直到二十世纪八十年代初，考古研究才纠正了这一谬误。

历史名碑《廉先生序》石刻，是考证李清照籍贯的最好史证。这篇序是李格非于宋神宗元丰八年（1085年）为纪念名士廉复所写的文章。而廉复是居住在章丘西廉家坡村的著名隐士。在这篇序中李格非写道：“吾为同里人。”

宋宣和五年（1123年），廉复孙子廉宗师、曾孙子廉理、廉珪，将李格非的序文刻石立碑祭祖，又请李格非的侄儿李迥题跋语。李迥写道：“迥忆昔童时，从先伯父、先孝、先叔（指李格非），西郊纵步三里，抵茂林修竹，溪深水静，得先生之居。”

绣江是章丘明水的别称，也是章丘的代称，它源于跟济南趵突泉齐名的百脉泉群。这里山明水秀，泉源濴洄，百脉泉、绣水泉、明水泉汩汩不息，茂林修竹，回塘掩映，正是“一代词宗”李清照的诞生地。

一棵名曰西府海棠的老树根植于静谧的小院内，交错的枝丫，丛生的树瘤，满是疤痕的树干，叠加成一种沉重而深刻的记忆。墨瓦红墙、繁花老树映衬着高远蓝天，碧水清泉、老宅小院组合出一脉风情。

宋人喜爱海棠，尤其喜爱西府海棠。海棠花开似锦，潇洒妩媚，素有“花中神仙”“花贵妃”“花尊贵”之称，无数文人墨客留下了赞美海棠的精妙佳句。

童年时期的李清照，一入四月便盼着院内西府海棠的花朵绽放。那时的她，披衣趿履，推窗娇笑；那时的她，抬手轻抚这棵老树，任斑驳的阳光透过叶子洒在脸上。

绣江河畔千年之前的风光已经无从考究，只能从金代诗人元好问的诗作中窥知一二："长白山前绣江水，展放荷花三十里。看山水底山更佳，一堆苍烟收不起。"

明末清初的《醒世姻缘传》也曾这样描述章丘风光："四面山屏，烟雾里翠浓欲滴。时物换，景色相随，浅红深碧。涧水几条寒似玉，晶帘一片尘凡隔。古今来总汇白云湖，流不息。屋鱼鳞，人蚁迹。事不烦，境常寂。遍桑麻禾黍，临渊鲤鲫。胥吏追呼门不扰，老翁华发无徭役。听松涛鸟语读书声，尽耕织。"

就是这样一个有历史古迹、有名泉净水、有湖光山色的地方，养育了这位热爱自然、热爱自由的少女。

藕花深处的快乐童年

宋哲宗元祐元年（1086年），也就是李清照两岁左右的时候，她有了一个弟弟李迒。

《宋史·李格非传》云："李格非，字文叔，济南人……妻王氏，拱辰孙女，亦善文。女清照……"从《宋史》可知李清照的曾外公是宋时最年轻的状元王拱辰。可是，北宋李清臣在《王文恭公珪神道碑》中则写："元丰八年（1085年）四月，丞相王公珪感疾，……五月己酉薨於位……女长适郓州教授李格非，早卒……"李清照的外公在这里又成了丞相王珪。有人研究后认为，李格非娶过两个王氏夫人，先娶丞相王珪之女，可是她很早就去世了，于是又娶王拱辰的孙女为妻。那么，李清照之母到底是王拱辰的孙女还是丞相王珪的女儿，学术界对此尚有争论。

不过，通过上文《王文恭公珪神道碑》的文字，我们可以推测丞相王珪的女儿在元丰八年四月之前就已去世，而李清照出生于元丰七年。李清照和李远只差两岁，李格非身为朝廷官员和苏东坡的学生，不可能做出妻子刚去世就立马另娶的事情，因此推断王珪的女儿并非李清照的生母。

那么，李清照之母应该就是王拱辰的孙女，也就是说她并没有幼年丧母，也并不是由继母抚养长大。照这样推断，李清照和李远的母亲均是王拱辰的孙女，二人应该是同父同母的兄妹，而且都受到了这个“善文”的母亲影响。

宋哲宗元祐四年（1089年），李格非官大学正，将六岁的李清照从老家章丘明水接到了东京。在东京，李清照研读诗文，度过了一段快乐的童年时光。后来，她与弟弟李远一起赏灯时遇到了自己生命中最重要的那个人。

> 常记溪亭日暮，沉醉不知归路。兴尽晚回舟，误入藕花深处。争渡，争渡，惊起一滩鸥鹭。
>
> ——李清照《如梦令》

这首《如梦令》用寥寥数语就将李清照少女时代的生活勾勒了出来：一位少女在溪边的亭子里游玩到太阳落山，却因醉酒贪玩而误了回家的时辰，于是急忙划着船儿赶路，却不知不觉划进了荷花荡里，惊起了已经栖息下来的“一滩鸥鹭”。看着惊起的鸥鹭，看着绿绿荷叶与红红莲花，少女发出了开心的笑声。那时候的李清照，心灵清澈通透，未经世事的浸染。

这样流淌着欢乐的文字，仿佛就是摇曳生姿的欢快舞蹈。据说当时李清照的这首闺中词流传出去后，一举轰动京师。

李清照的《如梦令》不事雕琢，富有一种自然之美，纯真且朴素，流畅又简洁。整部《漱玉词》映照了李清照的一生，而这首《如梦令》更是把李清照幸福的少女时光刻画得形象生动。

水光山色与人亲

李格非在东京的新家并不大，京城百物皆贵，更何况李格非是个两袖清风的官员。但庭院里郁郁葱葱的小竹林，清幽淡雅的书房给了李清照一个新的空间。父亲李格非朋友众多，除却那些登门求教的士子、朝廷照面的同僚，还有风雨同舟的交心好友张耒（“苏门四学士”之一，字文潜）、晁补之。

一日，接连被贬官的晁补之到李格非家中论诗谈道，偶然看到了李清照的诗文，甚为欢喜。后在李格非的委托下，晁补之答应做李清照的老师，指导她读书写词。

晁补之出身名门，与李格非一样仰慕苏东坡的才华与为人，是“苏门四学士”之一。当时苏东坡任翰林学士，晁补之常常与黄庭坚、苏东坡在东京互相酬唱交往，度过了人生中最为惬意的年华。

在晁补之的指导下，李清照的诗文长进很大。读诗，一定是从《诗经》开始，那些葱茏美好的草木不断地在李清照的脑子里萦绕。

数月来的学习让李清照的感知能力越发敏锐了。春末夏初雨水渐多，池塘游鱼，雨中白鹭，时光每一处的精雕细刻都逃不过她敏锐的眼睛。在这个雨水丰盈的季节，她每天早上醒来都能清晰地感知到时光的慢慢流逝。少女那些美好的寄托如同散落水中的花瓣悄然随波逝去。

湖上风来波浩渺，秋已暮、红稀香少。水光山色与人亲，说不尽、无穷好。

莲子已成荷叶老，清露洗、苹花汀草。眠沙鸥鹭不回头，似也恨、人归早。

——李清照《怨王孙》

自古逢秋悲寂寥，但在此时生命中不曾出现过忧愁哀痛的李清照笔下，虽秋暮红稀，但“水光山色与人亲，说不尽、无穷好”。然而，美好的东西总是易逝的，笔锋一转，“眠沙鸥鹭不回头，似也恨、人归早”。李清照没有直接写自己因自然山水的美好风光而流连忘返的依依不舍，转而写“眠沙鸥鹭”对早离去的游人的埋怨。这种孩子般的稚气奇想，让人不禁对其生出百般怜爱。

锦绣年华，才力华赡，尚不知那“林花谢了春红，太匆匆”的销魂蚀骨之痛。此刻，她尚未遇见赵明诚，东京的一切对她而言都是陌生的。所以，这一刻，她是寂寞的。

淡荡春光寒食天

这一年李清照十三岁，她的父亲李格非在东京荣升礼部员外郎。东京繁华，一梦如水。夜深人静时分，京师“有竹堂”里聚集着三位京城名士：李格非、张耒、晁补之。三人于堂中置饮，时而开怀大笑，时而紧皱眉头。乐的是密友能够相聚畅饮，愁的是恩师苏东坡尚在岭南不毛之地，黄庭坚、秦少游也仕途困顿。

李格非拿出东坡先生的来信，当众诵读其新作，“日啖荔枝三百颗，不辞长作岭南人”，伴着爽朗的笑声，摇曳的烛光映照着墙上三人自然洒脱的影子。

不一会儿，略有所思的张耒拿出秦少游的书信，低吟他所作的新词《千秋岁》。“携手处，今谁在？日边清梦断，镜里朱颜改。春去也，飞红万点愁如海。”词句读完，三人都默然无语，只剩下烛光随风摇曳。

清风穿过竹林，竹叶发出哗哗的声响。堂内高朋散去，天上星光稀疏，庭中月明如水。

在这样的书香门第中，在李格非营造的文化氛围中，李清照岂能不才华昭世？

李清照之所以能在中国文学史上大放异彩，一方面是因为她不俗的才情，另一方面也是因为她不让须眉的政治见识。良好的出身使李清照与只知道莺燕娇软的深闺女子不同，父亲李格非的精心养育更是使她拥有了开阔的眼界和独特的政治眼光。

相传唐肃宗时，结庐而居的诗人元结经历了“安史之乱”后，曾于浯溪（今湖南祁阳）撰写了《大唐中兴颂》的碑文，并由大书法家颜真卿书写镌刻在浯溪石崖之上。

到了宋哲宗元符二三年间，当时被誉为“苏门四学士”之一的张耒创作了《读中兴颂碑》诗，以此来歌颂郭子仪平定“安史之乱”的丰功伟绩。这首诗在当时颇有影响，被人们广为传颂。

李格非把张耒这首《读中兴颂碑》带给李清照欣赏，李清照看后对此诗背后的历史另有感悟，于是也提笔作了和诗，即《浯溪中兴颂诗和张文潜二首》。

李清照在此诗中笔势犀利地评议兴废，不但深层剖析了“安史之乱”爆发的原因，还指出了中兴之后内里潜伏的危机，甚至揭露了帝王“孝德”假面下的真相，批评了文人歌功颂德的阿谀文风。“夏商有鉴当深戒，简策汗青今具在。”借古讽今，其视野之开阔，笔锋之犀利，意气之健举，眼光之独到，不啻在文坛投下了一颗原子弹，令须眉男子，包括她那些久负盛名的父辈文豪们，受到了一股强大的冲击。一个初涉世事的少女，对国家社稷能表达出如此深刻的关注和忧虑，不能不令人刮目相看。因此，宋代周煇的《清波杂志》评："以妇人而厕众作，非深有思致者能之乎？"而明代陈弘绪的《寒夜录》评："奇气横溢，尝鼎一脔，已知为驼峰、麟脯矣。"

张耒的《浯溪中兴颂》，原就是为郭子仪平叛"安史之乱"大唱赞歌，其内容过于单一。而李清照的和作，视野更开阔，从历史的细微之处入手，平心静气地将真相从历史里拖拽出来置于人前，后又一点一点地分析"安史之乱"的历史原因，亦毫不避讳地批判"安史之乱"平定后，君臣同心同德的局面一去不复返。通过此诗足以看出李清照的目光之独特与深刻，远在其他诗人之上。

宋人王灼在《碧鸡漫志》曾这样称赞李清照："自少年便有诗名，才力华赡，逼近前辈。"清人陈景云在谈到李清照《金石录后序》时说："其文淋漓曲折，笔墨不减乃翁。'中郎有女堪传业'，文叔之谓也。"他化用韩愈诗句，以东汉蔡邕（人称蔡中郎）及其女儿蔡琰，比李格非与李清照父女。

李格非经常自豪地对妻子感叹说："我的清照若是男子，登科取第，定像探囊取物般容易！"李格非所言不虚。李清照幼年时就能熟练地背诵上百首古诗，到了少女时期，更是执笔写就锦绣文章。

不过，被墨香与书香浸染熏陶的李清照，并不是一个只会读书的书呆子，她经常在清澈的泉水、碧绿的草坪、高大的秋千、开花的藤蔓和如茵的竹林中嬉戏玩耍。

淡荡春光寒食天，玉炉沉水袅残烟。梦回山枕隐花钿。
海燕未来人斗草，江梅已过柳生绵。黄昏疏雨湿秋千。
——李清照《浣溪沙》

李清照的才气不只体现在诗词方面，她还酷爱书法，常常临摹王献之的字帖，写得一手秀丽的小楷；并且对于前朝李思训、王维的金碧、水墨两大画派都有研习，常常研朱挥毫，作几幅翎毛花卉。除此之外，李清照还通音律，早在儿时就已学会抚琴。

良好的艺术修养让李清照对美的感受能力更为敏锐。她经常在花丛中追逐蝴蝶，在秋千上欣赏黄昏的晚霞。不知多年以后，当繁华落尽，物是人非，她是否会对着秋千，想到曾经有过的那一段“黄昏疏雨湿秋千”的美好时光？

轰动京师

李清照少年时代，东京汴梁一派繁华景象。每到春天，整个东京都被盛开的艳丽花朵装点，环绕，处处生机勃勃。这一时期的李清照，生活安定，生活环境优雅，这也使得其创作热情高涨，写出了为后世广为传诵的著名词章《如梦令》（昨夜雨疏风骤）。此词一问世，便轰动了整个京师，《尧山堂外纪》卷五十四曾这样记载："当时文士莫不击节称赏，未有能道之者。"

昨夜雨疏风骤，浓睡不消残酒。
试问卷帘人，却道"海棠依旧"。
"知否？知否？应是绿肥红瘦！"

——李清照《如梦令》

《蓼园词选》说此词："短幅中藏无数曲折，自是圣于词者。"

这首词写得曲回委婉，层层转折，步步深入，惜花之情表现得丰盈婉转。此时的李清照，不俗的才华，细腻的情思，婉约的词风，让世人为之倾倒。

一首小令，短短六句，如何曲折？且看起拍，一疏狂，一急骤，可知昨宵风雨之恶。敏感而多情的少女，内心深处有着一份别样的寂寞与感伤。当一个女子学会收敛笑容，内心开始萦绕淡淡的忧伤时，那也是一种成长。属于年少的童真都会被忧伤覆盖，这是成长的代价。就如同，任何一个果实的成熟都要以花朵的凋零作为代价。

海棠花有“女儿棠”的美称，盛开之时像极了娇慵美艳的少女。词人浓睡之后，酒意仍未消退，心中却仍牵挂着历经一夜风雨的海棠，于是醒来的第一件事便是急切地询问丫鬟。丫鬟听后却云淡风轻地回答“海棠依旧”。问得急切，答得淡然，两下里对花的感情深浅立马显现。这个时候的李清照正是骚动不安的年龄，正陷入一种说不清、道不明的迷茫和惆怅中，她会忽而欢笑，忽而忧伤，忽而莫名地叹息，忽而又叽叽喳喳地说个不停。这样一个率性的女子，总是能轻易地被人们忽略的事物牵扯住内心，就像那后花园里的“雨疏风骤”，海棠花的“绿肥红瘦”，总能让她多情，牵挂。

与许多以女子口吻写春愁秋感、闺怨词的男性词人不同，李清照从自己的切身体验出发，写出的诗词更加真实、细腻、深刻。其作品里没有男性词人矫情的态度，有的只是闺阁女子对生活的真实感受，以及对自己命运的从容思考。在李清照的词中，经常把惜花之情与自身命运联系在一起，透过这些花草风景来表达其寂寞与忧伤的情绪。那花朵就宛若女人命运的一个隐喻，在风吹雨打后散落一地碾落成尘。

“知否？知否？应是绿肥红瘦。”寥寥数字，就将风雨之虐、心中之忧、他人之淡漠、内心之疼惜悉数道来。最妙的是“绿肥红瘦”，造语之新有如神来之笔也。俞平伯曾这样评价这句话：“全篇淡描，结句着色，更觉浓艳醒豁。”

宋人胡仔在《苕溪鱼隐丛话》里写道：“近时妇人，能文词如李易安，颇多佳句。……‘绿肥红瘦’，此语甚新。”宋代词评家陈郁也在《藏一话腴》里写道：“李易安工造语，《如梦令》‘绿肥红瘦’之句，天下称之。”

朱熹也称：“如此等语，岂女子所能？”黄蓼园在《蓼园词选》中说：“一问极有情，答以‘依旧’，答得极淡，跌出‘知否’二句来。而‘绿肥红瘦’无限凄婉，却又妙在含蓄。短幅中藏无数曲折，自是圣于词者。”

李清照笔下随意一写，嫣红可人的海棠花从此有了个雅称：绿肥红瘦。

半笺娇恨寄幽怀

春光旖旎，李清照在一个舒爽的早晨醒来。像往常一样，宅子里的丫鬟们端着盛满清水的陶盆经过院落的回廊。盆里的水伴着丫鬟们脚步的轻颠，不时溅起朵朵水花。

掀开薄被，李清照慵懒地舒展眉梢，又迎来了新的一天。昨夜香炉里的沉香不知何时被风吹灭了，剩下还未燃尽的一小截。李清照把香炉搁在窗旁的木质花架上，轻轻地推开雕花的红窗，后院静静，青梅翘立枝头。此时此刻，只有这青梅窥探到了李清照的美丽、纯情，以及思春少女的娇媚、多情的神态。

> 绣面芙蓉一笑开，斜飞宝鸭衬香腮。眼波才动被人猜。
>
> 一面风情深有韵，半笺娇恨寄幽怀，月移花影约重来。
>
> ——李清照《浣溪沙》

那是少女含羞的笑，“犹抱琵琶半遮面”的笑，却笑到心里某一处柔软慢慢绽开。这样一个内心充满春情的少女，面色如同出水芙蓉，清柔明丽。潋滟的飞鸭玉钗斜插在鬓边的髻子上，更添风情万种。美目流盼中，那一点羞涩的情怀小心翼翼地流露出来。她才与情郎分别就又思念他，于是在房里铺开素笺，将心中的思念之情一点一滴地记录下来，寄予对方，期待在“月移花影”的美好夜晚再度相见。

这首《浣溪沙》，写出了李清照在最美好的年华里最隐秘的心事。“眼波才动被人猜”真是神来之笔。“巧笑倩兮，美目盼兮”，美目流盼间，宛如弯弯明澈的秋水，闪动着少女内心的秘密。怕人猜，却又忍不住内心的喜悦，就这样春情无限，就这样爱意缱绻，像一朵水莲花不胜凉风的娇羞。

人物已共远峰秀

十六七岁时，李清照已经春心萌动。这位博览群书、过目不忘的才女，最喜欢读的一定是诗词。自古“词为艳科”，晚唐五代的“花间词”、南唐词等大多是写风花雪月的。而李清照所处的宋朝，艳丽的词更是盛极一时，柳永、秦观、晏殊、晏几道等无不善写男女艳丽恋情之词。久习诗词，岂不会浮想联翩，如黛玉般“每日家情思睡昏昏”？

李清照是幸运的，在花一样的年纪，年轻的赵明诚走进了她的生活。纵然她竭力按捺心中的爱意，亦不过是徒然。只要动了心，必然要露出破绽，一句“眼波才动被人猜”袒露了所有情怀。

赵明诚，字德父，又作德甫、德夫，祖籍也在山东，长李清照三岁。他人品端正，学问深厚，当时的诗人谢逸称他“向来问字识扬子，年未二十如老苍”。这个评语，今人读来感觉似不太好，实则是赞他聪明好学，虽年少却学问渊博如汉代学者扬雄。至于其长相，谢逸有诗云："茂陵少年白面郎，手携五弦望八荒"，"人物已共远峰秀，谈辩更与熏风凉"。透过这两句诗，我们可知赵明诚的风采气度十分出众。

此时的赵明诚正在朝廷太学里读书求学。而京师太学里不乏当时一流的文人墨客和官宦人家的子弟。读书累了，闲时想来也少不了要八卦一点文人圈子里的新鲜事儿。那些自命风雅的文人更少不了要私下品评一番风流韵事，诸如某相府里的千金如何美貌、某御史家的小姐如何有才情。而早有才名的李清照自然是免不了被这些人频频称赞。

李清照所写小词清雅秀丽，被众多闺阁少女所珍藏，更被当时的文学大家晁补之所赞赏。因此，太学里的学生聊天时，李清照自然是逃不过的话题。不过，满腹才华的李清照并不是只知道钻研诗书的书呆子，她也会去扑蝴蝶、划船、荡秋千、弹琴、赏花。这样的李清照自然引起了赵明诚的注意。

倚楼无语理瑶琴

李清照跟随父亲李格非来东京已有一段时间了，她已适应了东京繁华的生活环境。而李格非此时在朝廷担任礼部员外郎，提点京东行狱，虽然官位并不显赫，但也足以为李清照提供一个相对优渥的生活环境。于是，李清照不用为家庭琐事忧心，可以把时间都放在自己喜欢的诗书上。

小院闲窗春色深，重帘未卷影沉沉。倚楼无语理瑶琴。

远岫出云催薄暮，细风吹雨弄轻阴。梨花欲谢恐难禁。

——李清照《浣溪沙》

春色已深，朝窗外望过去，光线透过半垂的帘子落进来。仿佛这世间一切的红花绿草都与屋内人失去了关联，连心底按捺着的那一点春意也在这清风摇曳的日间被风一并吹散了。独自凭栏无语，只得抚弄起瑶琴，来缓解内心那说不清楚的愁绪。

李清照的这首小词，把她少女时期安闲宁静的一面表现了出来，也把说不出的愁绪表现了出来。一味的天真烂漫，反而显得肤浅，这淡淡的哀愁可谓是恰到好处。全词寓情于景，轻柔委婉。

初见赵明诚：和羞走

前文已提王灼曾在《碧鸡漫志》中夸赞李清照“自少年便有诗名，才力华赡，逼近前辈。在士大夫中已不可多得”。与李清照同时的朱弁在《风月堂诗话》中也说，李格非的女儿善属文，于诗尤工。大名鼎鼎的晁补之也经常向士大夫们称赞李清照富有才气。可见在当时的文人圈子里，李格非家有位待字闺中、才貌俱佳的小才女是众所周知的。

于是，对于这位才女好奇心大起的赵明诚便拜读了李清照写的那些华美篇章。细读之下，不仅对其心生赞赏，也对李清照萌生了爱意。赵李两家祖籍都是现在的山东省，自然平素有所交往，据说赵明诚与李清照的堂兄熟识。一次元宵节，赵明诚和李清照的堂兄相约一起赏花灯，恰巧在相国寺邂逅了陪弟弟李迒前来赏灯的李清照，于是一场旷世姻缘就此拉开帷幕。

遥想赵明诚与李清照的初遇，必是美好的、浪漫的。这边是青年才俊，那边是才貌双全的女子；这边仰慕已久，那边早闻大名；一个是吏部侍郎之子，一个是礼部员外郎之女；一个爱好金石书法，一个擅作诗词文章。这不就是张爱玲《爱》里的情景："于千万人之中遇见你所要遇见的人，于千万年之中，时间的无涯的荒野里，没有早一步，也没有晚一步，刚巧赶上了，没有别的话可说，唯有轻轻地问一声：噢，你也在这里？"

蹴罢秋千，起来慵整纤纤手。露浓花瘦，薄汗轻衣透。

见客入来，袜刬金钗溜。和羞走，倚门回首，却把青梅嗅。

——李清照《点绛唇》

在秋千上尽情嬉戏的少女从秋千架上下来，慵懒地揉了揉发酸的纤纤小手。本想"蹴罢秋千"稍作休息，玩个酣畅淋漓，岂料这时，有客人来访，她于惶遽之中急忙躲避，连鞋子都未及穿，只穿着袜子就跑开了。连头上的金钗也失落了，头发微乱泄露出了羞怯的姿态。就在快要进入闺房之门的那一刻，她忍不住"倚门回首"，于是佯装"却把青梅嗅"来端详访客。那回眸一望，如一朵水莲，无限娇羞可人。

究竟是何人的到来能让天真任性的李清照如此紧张、害羞和失态，还让她特意写下这首词记述当时窘迫的场景？原来这位客人就是那位眉清目秀、浑身散发着书卷气息的书生赵明诚！

赵明诚出身于官宦富贵之家，他的父亲是北宋朝廷著名的新党中坚人物、时任吏部侍郎的赵挺之。受家庭的影响，赵明诚从小就喜欢舞文弄墨，并在父亲收藏金石文物的熏陶下，喜欢上了收藏古代的金石刻录文字，甚至到了痴迷的程度。他在《金石录序》中自述说："余自少小，喜从当世学士大夫访问前代金石刻词，以广异闻。"

为了收集各种金石刻录文字，赵明诚四处结交朋友。据说他九岁时随父亲到徐州上任，即在当地收集一些古代刻录；十六七岁的时候，已经在该领域小有名气了。

赵明诚的姨夫陈师道是当时文坛的名人，他在徐州任职时得到了柳公权所书的《刘君碑》，还特意写信告诉赵明诚。这时赵明诚之父已回京担任要职，可是陈师道并不与之交好，却只愿跟赵明诚这个后生小辈书信往来，由此可见他对赵明诚的赏识。赵明诚十八岁的时候，有传国玉玺在咸阳（今陕西咸阳）出土，送到京师后，当时朝中的将作监李诚亲手拓印了两本，其中一本就送给了赵明诚。由此可见，年纪轻轻的赵明诚在收藏界已然成了金石学大家。

也许是姻缘天注定，赵明诚与李清照这两个优秀的青年男女就这样走到了一起。"低首弄青梅"，李清照娇羞地望着如意郎君向自己走来，盼着他陪自己共度以后的人生岁月。

奇绝芝芙梦里情

据说赵明诚少年时曾做过一个神奇的梦，在梦里读过一本书。梦醒之时，那书上所写的内容多已忘却，只记得其中三句："言与司合，安上已脱，芝芙草拔。"赵明诚对此百思不得其解，便将这个奇怪的梦告诉了父亲赵挺之，请父亲为自己解梦。

赵挺之想了想，解释道：这"言与司合"是个"词"字，"安上已脱"是个"女"字，"芝芙草拔"是"之夫"之意，合起来就是"词女之夫"。当时京都写词的女子有之，但写词出类拔萃的女子也就属李清照。赵挺之一想，顿时明白了，原来儿子是有意中人了。

这虽是则故事，但也体现出了当时李清照的才气，已引起了赵明诚的爱慕之情。同时，也为两人的爱情增添了几分浪漫色彩。

这则故事流传很广，后人也多有题咏，比如："奇绝芝芙梦里情，先教夫婿识才名""漱玉便娟态有余，赵家芝草梦非虚""赵侯一枕芝芙梦，难得鸳衾词女共”，等等。

其实，赵明诚和李清照能成秦晋之好，远没有人们想的那般简单而美好。封建社会的婚姻，尤其是封建官僚阶层的婚姻，都会被父母在政治、家世、地位等方面做一番考量。

北宋末年政坛动荡，新旧两党纷争频繁。早在神宗即位任用王安石实行变法时就引起了朝局动荡，那时朝廷旧臣极力反对变法，其中不乏司马光、欧阳修、苏轼等有影响的人物。王安石为了推行新政，有意通过科举考试选拔人才，是故有不少人为迎合新政而中举并得到重用。这些新进者，多投机取巧逢迎之徒，私德甚不可取，其中就有《水浒传》提到的大奸臣蔡京。但那时的党派之争只是各方政见不合，尚不夹挟私人恩怨，比如王安石与司马光还彼此敬重。神宗去世后哲宗登基，因哲宗年幼便由高太后垂帘听政。高太后致力于恢复祖宗旧制，便起用守旧派贬谪新党，罢黜新法，史称“元祐更化”，旧党之人后来也被称为元祐党人。元祐八年，高太后去世，哲宗亲政。哲宗亲政后大力提拔新党人士，打击旧党中人，苏轼、秦观、黄庭坚、张耒等纷纷被贬。朝廷为此成立了一个专门收集元祐党人资料的机构，还想任命旧党中比较外围的人物李格非为此机构的官员，遭到了耿直的李格非拒绝，李格非也因此被贬官外放。

赵挺之是王安石提拔上来的，基本属于新党。可是，他为人精明干练，政治立场并不坚定。元祐初年朝廷召试赵挺之的时候，苏轼曾表示过反对意见：“挺之聚敛小人，学行无取，岂堪此选？”赵挺之由此记恨苏轼，在后来的党争中挟私报复。

不过，赵明诚并没有因父亲的原因而厌恶苏轼等人，相反，他极爱苏轼、黄庭坚的诗，即使二人的残章断句也必录藏，甚至惹得父亲不快也不曾发生丝毫改变。

公元1100年，哲宗去世，其弟赵佶登基，是为徽宗。徽宗刚即位，就要面对朝中复杂的政治形式，于是采取了一个较为折中的政策，即既不得罪新党，也不偏袒旧党；既用新党之人，也用旧党之人，对双方是不偏不倚，故立的国号为“建中靖国”。这样一来，使得新党与旧党之间的矛盾、冲突慢慢趋于缓和。

而李格非与赵挺之虽分属两党，但并非领袖之人，更未有过节，且同朝为官，又是同乡。所以，在这样一种环境下，赵挺之与李格非并没有阻止两人。赵挺之富有才华的儿子与李格非同样富有才华的女儿两情相悦，自然得成百年之好。

袅袅娉娉何样似

十七岁的李清照殷切地期盼着赵明诚来迎娶自己，期望着和他生活在一起一刻也不要分离。这时的李清照满心满眼皆是赵明诚，那颗少女心再也装不下其他人。

素约小腰身，不奈伤春。疏梅影下晚妆新。袅袅娉娉何样似？一缕轻云。

歌巧动朱唇，字字娇嗔。桃花深径一通津。怅望瑶台清夜月，还送归轮。

——李清照《浪淘沙》

这首小词宛若李清照的自画像，画中的女子肤色蕴白宛如素洁绢丝，腰身纤细柔软，大约经不住这伤春情怀的消损。墙角的梅树开着稀疏的花朵，梅花的影子落到妆台上，女子于浅淡暮色梅影里淡淡上妆，不多时便打扮得美艳不可方物。此时的李清照甘愿做一个弱不禁风的小女子，只等赵明诚来宠爱。

视野一转，女子缓步离开闺房，来到桃花夹道处思念赵明诚。看着幽寂的小径，看着潺潺的流水，不禁幻想着下一刻赵明诚会不会从某一处下了船，向自己走来。这样幻想，她不禁抿嘴笑了起来。

这时的李清照是纯真而娇艳的，与赵明诚的婚姻生活尚未开始，就已憧憬起来。她着一身粉衫，倚在高楼之上，微微掀起珠帘，向那人山人海的街市里望去。几多妖娆几多绮丽，几多缠绵几多销魂，袅袅娉娉，真如一幅美丽的画卷。难怪赵明诚会如此痴迷这个女子。

赵明诚若是没有遇到李清照，怕是他的生活会失去很多明艳的色彩。旧时女子太卑微，有才华又富有生活情趣的女子更是少之又少，而似李清照这般传奇的女子自是寥寥无几。赵明诚何其有幸能娶到李清照为妻，而李清照又是何其有幸遇到了志趣相投的赵明诚！

第二章

佳人才子　千古绝唱

雪腻酥香 笑语檀郎

大宋徽宗建中靖国元年（1101年），十八岁的李清照与二十一岁的太学生赵明诚在东京成婚。李清照在《金石录后序》中云："余建中辛巳，始归赵氏。"

春暖花开的季节里，十八岁的李清照终于走出了深闺，乘一顶花轿进了赵家的府邸，走向一个年轻男子的怀抱。从这一刻起，她变成了那个名叫赵明诚的年轻男子的娇妻，而二十一岁的赵明诚也终于圆了当年那个"词女之夫"的梦。

赵、李两家门当户对，这场婚礼自然热闹非凡。成亲的前三日，赵家便送来了催妆的凤冠霞帔、婚衣、镜、粉等物。婚礼前日，由李清照母亲王氏派出的亲信仆妇、陪嫁婢女等带着华丽的绣枕、锦被等物在二人新房内铺房。婚礼当天，一身红装的李清照，携着丰厚嫁妆，坐着喜轿、伴着吹奏的欢庆曲子从李家出嫁，绕过长长的街道，到达赵家的大门。一路上，鼓乐四起，讨要喜钱的孩童、"拦门"的青年以及撒谷豆的妇人络绎不绝。

拜过天地，喝过交杯酒，李清照和新郎赵明诚入了洞房。

在描金彩绘的龙凤喜烛和金色流苏的八角薄纱大红宫灯的映照下，李清照头上的大红盖头被心爱的人慢慢掀开。

晚来一阵风兼雨，洗尽炎光。理罢笙簧，却对菱花淡淡妆。

绛绡缕薄冰肌莹，雪腻酥香。笑语檀郎，今夜纱橱枕簟凉。

——李清照《丑奴儿》

这首词据说是在李清照新婚后不久所作。《漱玉词》可以说是李清照的私人日记，字里行间传达着她的心理感受和情感体验。

盛夏夜晚一阵的“风兼雨”，洗尽了大地的炎热。一位少妇刚刚弹过瑶琴，不想卸妆入睡，于是又对着“菱花”施了“淡淡妆”，淡妆素抹格外清丽动人：“绛绡缕薄冰肌莹，雪腻酥香。”绛红薄绡的透明睡衣下雪白肌肤隐约可见，醉人的幽香阵阵袭来。词句写出了一位新婚少妇的妩媚与性感，最后一句更是令人销魂：“笑语檀郎，今夜纱厨枕簟凉。”少妇轻笑一声，轻启朱唇：郎君，今天晚上的竹席可真凉啊。这样的一句话充满了诱惑，就好比现代人在这样情境里常说的“来吧，亲爱的”。清风细雨之夜，情醉神迷的恩爱场景在这首小词里展现了出来。

这首词写得十分香艳，卿卿我我的儿女情态跃然纸上。少妇撩拨她的丈夫，绛绡缕薄冰肌莹和雪腻酥香，这样性感魅惑的打扮正传递着她内心深处对爱的渴望，称得上是风情无限。那一声对着檀郎的笑语，有些忸忸怩怩，有些不好意思，可以从这里看出少妇虽然用言语和动作在诱惑丈夫，可是脸颊的绯红却已出卖了她内心的羞涩。少妇用一句“枕簟凉”大胆地透露出自己渴望和丈夫欢好的意思，上文那句“理罢笙簧，却对菱花淡淡妆”更是把她为此精心准备的过程表述了出来。

由于李清照敢于大胆地描写闺房之乐，导致很多词评家们对她颇有微词。与她同时代的王灼就说：“易安居士，京东路提刑李格非文叔之女，建康守赵明诚德甫之妻。自少年便有诗名，才力华赡，逼近前辈。在士大夫中已不多得。若本朝妇人，当推文采第一。赵死，再嫁某氏，讼而离之。晚节流荡无归。作长短句，能曲折尽人意，轻巧尖新，姿态百出。闾巷荒淫之语，肆意落笔。自古缙绅之家能文妇女，未见如此无顾忌也。”王灼批评李清照部分诗词“闾巷荒淫之语，肆意落笔”，还批评她“自古缙绅之家能文妇女，未见如此无顾忌也”。可见，李清照这种大胆的文风在当时引起了人们的争议。

其实，不管词评家们如何评论李清照的词作，都掩盖不了一个事实，那就是出身书香门第的李清照却并不像传统的大家小姐那样古板无趣，反而在闺房之乐上大胆热情，甚至敢于在情爱之事上主动。她这种豪爽的性格，与她的生活环境和所受的教育密不可分。

前文已说李清照的父亲李格非是“苏门后四学士”之一，而苏东坡生性豁达，崇尚真性情，推崇个性人格的自由，反对压抑人的天性。他这种思想自然会影响李格非。李格非对儿女们的天性从不压抑，这就给他们营造了一个宽松自由的成长环境，使他们的身心都得以自由成长。

良好的家庭文化教养，使李清照才华过人，于是她可以写出一篇篇优美的诗词；而宽松的成长环境，使李清照保留了那份纯真的天性，于是她可以直率地表达自己的真实感受。李清照和赵明诚成婚后过得十分幸福，她深爱自己的丈夫，于是很自然地写出一篇篇思念丈夫的诗词。李清照懂得夫妻相处重在交流和沟通的道理，于是她将自己对丈夫的深爱写进词里，希望丈夫能够明白自己的心意，也能够回应给自己同样的牵挂与关怀。

夫妇擅朋友之胜

新婚少妇李清照是幸福的，也是幸运的。花儿在该开的时候开放了，爱情在该来的时候来临了。李清照在最好的年华里嫁给了自己深爱的男子赵明诚，新婚的二人朝夕相处尽情享受爱情的甜蜜。

李清照与赵明诚不仅如寻常夫妻那般耳鬓厮磨，他们二人还有着共同的兴趣爱好：读书论文、研讨诗词、金石刻录、鉴赏文物字画。他们以平等的关系读书笑谈，不存在丝毫的男尊女卑。《古今女史》云：“自古夫妇擅朋友之胜，从来未有如李易安与赵德甫者，佳人才子，千古绝唱。”李清照和赵明诚如朋友一般互敬互爱：她爱写诗填词，他就做她的第一读者；他爱金石，她就陪他逛相国寺集市选购金石碑文。

李清照与赵明诚既是恩爱夫妻，也是心心相通的知己，更是志趣相投的亲密朋友。哪怕是在后来生活比较拮据的那些日子，他们二人依然以诗佐酒、把玩金石。

李清照晚年回忆新婚时的生活，在《金石录后序》中写道："赵、李族寒，素贫俭，每朔望谒告出，质衣取半千钱，步入相国寺，市碑文归，相对展玩咀嚼，自谓葛天氏之民也。"他们夫妇虽是"贵家子弟"，但因"赵、李族寒，素贫俭"，所以，在太学读书的赵明诚，当初一、十五告假回家与妻子团聚时，常先到当铺典质几件衣物，换来五六百钱，然后和李清照一起去汴梁热闹而有名的大相国寺逛文物市场。大相国寺作为宋朝国寺，自然汇聚了不少古今名人的金石碑刻字画。李清照夫妇二人拿着典当衣物换来的钱逛大相国寺逛，要是有合适的金石碑刻就买下，然后回到家中一番挑灯夜观，心满意足。那种愉快、喜悦的心情是任何金钱都买不来的。

赵明诚太学毕业后，步入仕途，虽有了独立的经济来源，但俸禄却并不高，夫妇二人仍然过着非常俭朴的生活，且立下了宁愿"饭蔬衣练，亦当穷遐方绝域，尽天下古文奇字"之志。

这样一来，对于一些价高的字画，就只能是忍痛割爱了。李清照曾这样写道："尝记崇宁间，有人持徐熙《牡丹图》求钱二十万。当时虽贵家子弟，求二十万钱岂易得耶？留信宿，计无所出而还之。夫妇相向惋怅者数日。"崇宁年间的一天，有人拿来南唐著名画家徐熙的一幅《牡丹图》向夫妻俩兜售，要价二十万。当时赵明诚虽是官宦子弟，但要筹备二十万钱谈何容易啊！夫妻俩将这幅画留在家中欣赏了两个晚上，想尽办法也筹不到钱，万般不舍地把画归还给卖主。为这件事情，两人在家相对叹息了数日。

情浓花颜俏

宋朝的集市里，常常会看见一些挑着卖花担子走街串巷的人。他们的一肩春色、一担花香，把春天繁闹的都城染得生机无限。爱美的李清照看见后，忍不住从货郎手中买下了一枝最鲜最美的花儿，买花既是赏花，也是装扮自己。

> 卖花担上，买得一枝春欲放。泪染轻匀，犹带彤霞晓露痕。
> 怕郎猜道，奴面不如花面好。云鬓斜簪，徒要教郎比并看。
> ——李清照《减字木兰花》

李清照作这首《减字木兰花》的时候，正值与赵明诚新婚燕尔之际。这首词可谓是两人幸福的缩影，在《北宋词史》中有这样一段论述："青春妙龄的少妇李清照，买花是为了赏花，是对美的欣赏；同时也是为了装饰自己，珍视自己的青春年华。花季女子，最爱美丽的鲜花。这时候的精心化妆，当然是为了博得丈夫赵明诚的赏识，所以，买花、戴花的动作中又多了一层对幸福爱情执着追求的含义。一心想获得丈夫全部爱情的女子又是‘小心眼’的，她会对周围一切与自己比美的事物发生莫名其妙的忌妒，这种忌妒又转过来表现了她对丈夫的深爱。因此，买得鲜花的李清照，忽然多出了一个心眼：不知丈夫是否会更赏识这花儿，认为‘奴面不如花面好’。对自己青春容颜充满信心、争强好胜的李清照，便一定要与花儿比个高低，特意将花儿‘云鬓斜簪’，让丈夫仔细端详，究竟谁更漂亮。通过这种对丈夫撒娇的动作，表现出小夫妻之间的亲昵和温情。”

这首词清丽活泼，明白如话，不仅体现了李清照娇俏任性、活泼烂漫的个性，而且词意不深，充满了隐忍的情欲气味。故很多人认为这首词并非出自李清照之手。赵万里辑《漱玉词》时，便说此词“词意浅显，亦不似她作”。可是，李清照作为文学大家，难道就一定得写让人看不懂的词作？非也。纵观大家，其作品之所以能广为流传，就是因为通俗易懂、意味深长而被人们所喜爱。唐代曾流传这样一首词：“牡丹含露真珠颗，美人折向庭前过。含笑问檀郎，花强妾貌强？檀郎故相恼，须道花枝好。一向发娇嗔，碎挼花打人。”李清照的词意显然是从这首词中化用而来，但显得更雅致、更含蓄。李清照虽已为人妇，但终归还是一个十八九岁的少女，而少女的娇羞烂漫，以及“小心眼”的撒娇在“怕郎猜道，奴面不如花面好。云鬓斜簪，徒要教郎比并看”中体现得淋漓尽致。

即使是在如今看来，依然可以从这首词中体会到李清照与赵明诚二人恩爱的过往。

谁人可继芳尘

明媚春光里绽放的牡丹妩媚而招摇，如同新婚的美丽少妇。李清照与赵明诚新婚燕尔，在京城游春赏花应是常事。那时的李清照初尝人间的幸福滋味，沐浴在爱河中，如一朵含露绽放的牡丹花。

> 禁幄低张，彤阑巧护，就中独占残春。容华淡伫，绰约俱见天真。待得群花过后，一番风露晓妆新。妖娆艳态，妒风笑月，长殢东君。
>
> 东城边，南陌上，正日烘池馆，竞走香轮。绮筵散日，谁人可继芳尘？更好明光宫殿，几枝先近日边匀。金尊倒，拼了尽烛，不管黄昏。
>
> ——李清照《庆清朝慢》

据宋人钱易《南部新书》记载，宋时汴梁有“三月十五日两街看牡丹，奔走车马”的风俗。这首长调赏花词，当是写在牡丹盛开之时，东京城东南陌之处，明光宫苑之中，李清照与赵明诚乘车同游，两人游东城，过南陌，入池馆，对花饮酒，自朝至暮直到秉烛，依然兴致盎然。可见，李清照的婚姻生活多么优雅、快乐！牡丹的美艳娇媚，赏花人的愉快心境都在词中展露无遗。

“容华淡伫，绰约俱见天真”“妖娆艳态，妒风笑月，长殢东君”，词中处处以花拟人。李清照笔下的牡丹仿佛是一位顾盼生辉、倾国倾城的绝代佳人：她姿容美艳，倾国倾城；她妖娆妩媚，引风逗月；她敏感多情，感时伤怀；她觥筹交错，逸兴遄飞……这是一片沐浴春光、花开绚烂的牡丹，这是一位沉浸在甜蜜与幸福中的如花女人。

在李清照眼里，那些牡丹花开放在帷幕垂张朱栏环护之中，占尽了春光。素净淡雅的芳姿，轻盈柔婉中透着天真自然之美。群花开尽后，历经风拂露染的牡丹格外妩媚动人。妖娆的姿容，戏风嘲月，尽情地引逗着司春之神，使那已经将尽的春天也流连止步。看那城东南郊，池台楼馆边，日照花颜，暖意融融，赏花的人熙熙攘攘。李清照沉醉于赏花盛事时忽又感伤起来，因为世上没有不凋的花朵，也没有不散的筵席，盛宴过后，轮到谁来承续这一脉芳尘呢？是“兴尽悲来”，还是这景象触动了她心底的隐痛？当郊外赏花的人群渐渐散去，明光宫苑的几枝牡丹还在阳光下盛开，这就足可挽留一段春光。趁这花事未了，再举金尊一饮而尽，再点亮残烛，休顾那金乌是否西坠，且将赏花乐事进行到底。

在李清照这首词里，吟咏之物不露一言，却是光彩更甚。牡丹在李清照的词里如同含苞待放的娉婷少女，正所谓，不着一字尽得风流。自古以来，写牡丹的诗词很多，李白有诗："名花倾国两相欢，常得君王带笑看。解释春风无限恨，沉香亭北倚栏杆。"白居易有诗："惆怅阶前红牡丹，晚来唯有两枝残。明朝风起应吹尽，夜惜衰红把火看。"王维有诗："绿艳闲且静，红衣浅复深。花心愁欲断，春色岂知心。"但，唯独李清照用拟人的手法仿佛让牡丹处于"犹抱琵琶半遮面"当中，让人想一窥究竟。其用词精准，不拖沓、不夸张、不虚妄。淡雅，绰约，天真，羞涩又极尽艳态，尽写了牡丹的天香国色，又丝毫没有陈陈相因、人云亦云的庸常慨叹。

雁字回时 月满西楼

李清照和赵明诚结婚后日日相伴的日子并不长，当时赵明诚还未从太学毕业，婚假休完后每月只有初一、十五方能回家探望。而李清照嫁进赵府离开了父母的身边，也离开了熟悉的生活环境，此时的她没有爱人常伴身侧，闲来无事时怎能不怀念丈夫陪伴自己的美好时光?

红藕香残玉簟秋，轻解罗裳，独上兰舟。云中谁寄锦书来？雁字回时，月满西楼。

花自飘零水自流，一种相思，两处闲愁。此情无计可消除，才下眉头，却上心头。

——李清照《一剪梅》

元代文人伊世珍的《琅嬛记》有这样一段记载：“易安结缡未

久，明诚即负笈远游。易安殊不忍别，觅锦帕，书《一剪梅》词以送之。”今人王仲闻在《李清照集校注》中却指出：“清照适赵明诚时，两家俱在东京，明诚正为太学生，无负笈远游事。”

李清照的这首词可谓将相思之苦倾吐得淋漓尽致，起句“红藕香残玉簟秋”，就为相思怀人设置了一个凄艳哀婉的场景。明艳的红，残留的香，凋零之感沁入肺腑，这种明艳之下的残凉给人以触目惊心的悲。“轻解罗裳，独上兰舟”，口气看似清淡，却透着丝丝缕缕的怨。这一悲一怨流露出的正是对两人新婚时美好生活的留恋，以及对丈夫的思念。可是，丈夫是太学生，不得不以学业为重。李清照只能盼着初一、十五快点到来。“云中谁寄锦书来？雁字回时，月满西楼”三句自语式的问答，叹息间似乎可以看到李清照眺望的眼神和眼神背后对幸福的深切期许。那是“误几回，天际识归舟”的期盼，是“过尽千帆皆不是，斜晖脉脉水悠悠”的漫长等待。这种望穿秋水的神态，美丽而又忧伤。抬起那迷离的双眸望向苍天，云的深处，天的尽头，一行大雁正缓缓地向南飞去，是在报告秋来的消息，还是为有情人寄去思念的信笺？“流水淡，碧天长，路茫茫。凭高目断，鸿雁来时，无限思量”，在那无数个南归与北来的雁阵中，寄托了多少离人的哀思！

下片李清照将别后的相思写得感人肺腑，“花自飘零水自流”，如花美眷，似水流年，幸福的流逝如此匆促，而守望的时光又如此孤寂，但孤寂的又何止一方？“一种相思，两处闲愁”，短短八个字把二人异地同心、遥相思恋的景象描述得清清楚楚。这时的相思自然与幸福交织在一起，两人思念着彼此，也怀念着当时相依相伴的幸福时光，而这幸福时光的记忆更衬托出分隔两地之人的孤苦。“此情无计可消除，才下眉头，却上心头”，这末三句余韵袅袅，传达出一种让人回味不已的人生感受和审美体验。此句与李煜的“剪不断，理还乱，是离愁，别是一般滋味在心头”，有着异曲同工之妙。

王士祯在《花草蒙拾》中说：“俞仲茅小词云：‘轮到相思没处辞，眉间露一丝。’视易安‘才下眉头，却上心头’，可谓此儿善盗。然易安亦从范希文‘都来此事，眉间心上，无计相回避’语脱胎，李特工耳。”明人王世贞在《艺苑卮言》中也说：“范希文‘都来此事，眉间心上，无计相回避’，类易安而小逊之。”宋词中相思之作不少，其中也不乏俗套，而李清照凭着自己真实的感受和高超的文学修养写出了这首出众的小词。

很多诗人和词人都是“男子作闺音”的高手，如李白、李商隐、温庭筠等都曾写出优秀的反映女子心态的诗词。可是，他们大多是从男性角度来感受、想象和猜度女性的心理及情感，仔细品来，总有一种莫名的疏离感，也不够细腻。而李清照、朱淑真等女性词人则完全是从自我的真实感受出发，故而她们的诗词更能细腻地表达内心的情感。在所有红颜词人中，李清照的词显得格外亮眼，其抒发的离愁别恨也格外唯美动人。

王灼《碧鸡漫志》云：“易安作长短句，能曲折尽人意，轻巧尖新，姿态百出。”

明人李廷机在《草堂诗余评林》中这样赞赏李清照的这首《一剪

梅》，他说：“此词颇尽离别之情。语意超逸，令人醒目。”

隔着千年的时光，透过这则优美的文字，我们仿佛可以看到李清照乘着一叶扁舟，呆呆地望着天上的云朵，期盼着天上飞过的大雁能够带来赵明诚寄给自己的书信。

多情自是多沾惹

京城的暮春时节，本是莺飞燕舞的大好时光，李清照却只能独自在“重门深院”里孤坐，无法与赵明诚一同去郊游踏青，这怎能不令她顿生愁怨？

帝里春晚，重门深院，草绿阶前。暮天雁断，楼上远信谁传？恨绵绵。

多情自是多沾惹，难拼舍，又是寒食也。秋千巷陌，人静皎月初斜，浸梨花。

——李清照《怨王孙》

东京是热闹繁华的所在，暮春是莺啼花开的季节。“重门深院”是李清照独处时的周遭环境。庭前草绿，让人忆及“王孙游兮不归，春草生兮萋萋”。“暮天雁断”，此时天色已昏黑，连送信的大雁也看不见。即使将自己的一腔相思情怀写成书信，也无由寄达。李清照与赵明诚的小别离，呼出“楼上远信谁传？”当然，这是一种夸张手法，实则写的是两人的心理距离。

“多情自是多沾惹，难拼舍，又是寒食也。”她是情深的女子，他亦是义重的人。只是，她想知道相聚在何时，他却不能告知。又到寒食这一日，多情自是多烦恼，欲不思念却又难以割舍。归人尚无消息，当此良辰美景，将如何消遣？“秋千巷陌，人静皎月初斜，浸梨花。”夜深人静，庭院中的秋千兀自空荡，闾里巷陌亦是人声寂静，初升的皎月斜挂天际。洁白的梨花沉浸在银色的月光里，寂寂无语。“梨”者，离也。那月光下的梨花不由触起了人的离愁别绪。这离愁轻如云薄如雾，在心头萦回不去。

柳眼梅腮 已觉春心动

又是一年青青春季到了，万物萌发，生机盎然。当年惜春伤春的少女，如今已是人妻。只是夫君在太学读书，自己深闺独居，冬去春来时心中别有一番滋味。

> 暖雨晴风初破冻，柳眼梅腮，已觉春心动。酒意诗情谁与共？泪融残粉花钿重。
>
> 乍试夹衫金缕缝，山枕斜欹，枕损钗头凤。独抱浓愁无好梦，夜阑犹剪灯花弄。
>
> ——李清照《蝶恋花》

“柳眼梅腮”写得十分漂亮，那嫩柳初长，如女子微微睁开的媚眼；梅花盛开，好似红颜女子香腮上的朵朵红晕，好一派春回大地，春意融融。苏轼《水龙吟》的柳叶是“萦损柔肠，困酣娇眼，欲开还闭”，敏感于四季流转、视爱情如生命的李清照，在这样“暖雨晴风”“柳眼梅腮”的春光里自然春心萌动。

然而，“酒意诗情谁与共？泪融残粉花钿重”，这热闹明艳的景象却让她心头更增无尽春愁。刚刚穿上新缝的金缕春衣，她却斜倚山枕（“山枕”即檀枕，因其形如“凹”，故称山枕），慵懒地躺在床上，不言不语，想着心事，连精心佩戴的钗落在枕头一旁，也无心理睬。“独抱浓愁无好梦，夜阑犹剪灯花弄”被人称“入神之句”。一个“抱”字写出了词人一怀浓愁，一个“弄”字点明了百无聊赖之情。

情怀很丰满，无情的现实却很骨感。她深感寂寞无助，想到梦乡去寻求一丝温暖的慰藉，却始终无法入眠。直至夜深人静时分，她仍在明灭不定的光影中闲剪灯花，望着那跳动的火焰出神。

此时，李清照心头也许萦绕的正是这样一种心绪：“闺中少妇不知愁，春日凝妆上翠楼。忽见陌头杨柳色，悔教夫婿觅封侯。”所以，那些柳眼梅腮，那些暖雨晴风，被孤独者看到后反而会萌生一种惆怅的情绪。美好的自然风光与深闺少妇寂寞的心境，形成了一种鲜明的对照：梅花红艳盛开，女人却“独抱浓愁”，在寂寞中虚度青春岁月。这真如李商隐所说：“春心莫共花争发，一寸相思一寸灰。”花开花谢，片片飘零归于尘土，这是怎样一种令人惊心的红颜劫！

李清照最擅长的便是于细微之处落笔，将微小的事情写得荡气回肠。这首《蝶恋花》被明人徐士俊在《古今词统》里评价道：“（眉批）此媛手不愁无香韵。近言远，小言至。”

第三章

元祐党争　被迫分离

夫家娘家 一荣一枯

从皇宫中深夜归来的李格非独自伫立在有竹堂前，一股难以言表的忧伤不由浮上心头。朝中局势越来越紧张，他知道自己离被驱逐出京的日子不远了。其实，他对于贬官离京并无畏惧，只是对自己的抱负不能实现深感遗憾。

果然，不久之后宋徽宗亲手书写元祐党人的“黑名单”，即“元祐党籍”，并刻石碑立于端礼门，此碑就是“元祐党人碑”。碑上一共刻了一百二十一人的名字，而李格非就名列其中。一切正如李格非预料的那样，随后他就被逐出了京城。

李格非被逐出京，退出了政治中心，而赵挺之此时却春风得意，他一路升迁，晋封为宰相。

夫家娘家，一荣一枯，可谓是喜忧参半，这也使得李清照与夫家的关系变得微妙起来。

一边是自己遭罪的父亲，一边是夫家高升的公公，孝顺的李清照萌生了让公公赵挺之对父亲李格非施以援手的想法。

张琰记录了当时的情况："（文叔女上诗赵挺之）救其父云：'何况人间父子情'，识者哀之。"

对于李清照的请求，晁公武在《郡斋读书志》中这样写道："（格非女）有才藻名，其舅正夫（挺之字）相徽宗朝，李氏尝献诗云：'炙手可热心可寒'。"

赵挺之并没有理睬李清照的请求，因为李格非明白，这不是两人的私人斗争，而是两个政治集团，两个派别之间的斗争。若赵挺之应了李清照的请求，那就要承担由此产生的一切后果，而这个后果是他难以承受的：不仅自己要被罢官驱逐，自己的二个儿子也可能受到牵连，甚至赵氏一门以及与自己交好的官员都会遭受政敌的打压。出于这方面考虑，赵挺之只能选择袖手旁观，而他的这种做法让李清照感到无比心寒。

何去何从

东京的家没了，只剩一座空壳。也许若干年以后，父亲栽种的江梅树也会消失不见，只剩斑驳的墙体外一架秋千随风飘摇。

父亲此时到了哪里？是否已经回到儿时的小院？那里有一口古井，泉水四季长流，泉旁的假山还有父亲为她亲手设计的凉亭。清晨薄雾未消之时，伴着泉水叮咚的声音，在那里安适地阅读珍贵的书册，是最为享受的一件事情。如若再能品上一口热茶，就更加惬意了。

若能再过回那样的日子，该有多好！可是，时光荏苒，再也回不去了。李清照看着空荡荡的房间，心底的忧伤和绝望慢慢滋生。她知道赵明诚不可能为了自己抛弃大好前程，也不可能为了自己弃家人于不顾。

忧愁像疯长的杂草一样在心里的某个角落蔓延，思念像根根细线一样把她一圈圈缠绕。点一支红烛，任蜡泪一滴滴垂落。看着屋内熟悉的桌椅，以及许久不碰的古琴，李清照不由得拨动琴弦，响亮的琴音在孤独的夜里更添孤寂之感。

假如，赵明诚只是一个致力于金石碑文研究的学者，一个清贫但不失浪漫的诗人，没有所谓的家庭因素，没有需要考虑的政治原因，那该有多好！可是，在复杂的政治环境下，他生在赵家，背负着赵家人的期盼，不能随心所欲，他们两人也不能像平常夫妻那样日日相守，日日相伴，注定是聚少离多。

纵使二人伉俪情深，奈何抵不过政治与家族的阻力。现实有时就是这么残酷，上一秒还以为可以白头偕老，下一秒就迎来了分离！李清照无助地望着月亮，反复地思索自己究竟该何去何从。

凄凉离京

夜里下过一场雨，地上湿漉漉的，李清照一大早就要乘坐马车回老家。“嗒嗒”的马蹄声伴着叮当的铜铃声，惊醒了这条空旷而安静的街道。

路过太学府的时候，李清照叫停了马车。她掀起车帘深深地望了一眼森严的太学府，才吩咐车夫继续赶路。

李清照的家人已随父亲回了老家明水，公公赵挺之又把李清照驱逐，此时偌大的东京城竟没有她的立锥之地！李清照不得不只身返回章丘明水，去投奔自己的家人。

数日之后，她回到了阔别多年的老家，家人的陪伴让她暂时忘却了烦忧。只是，每当夜深人静时，她总会忍不住思念赵明诚。

一个出嫁的女子，孤身一人回到了娘家，这处境该是多么难堪？心情又该是如何沉闷？

望着空中的明月，不由得想起天上的牛郎织女尚且有一年一次的聚首，可自己和赵明诚何时才能团聚？才华横溢、骄傲自信的李清照，对自己与丈夫赵明诚的婚姻充满了担忧。她站在寂静的庭院内呆呆地望着天上的银河陷入了沉思，“牵牛织女，莫是离中。甚霎儿晴，霎儿雨，霎儿风”，怨晴、怨雨、怨风，其实只是愁绪无从排解的正常反应。

即使李清照才华横溢，眼界和格局非同寻常，但她也只是一个传统的女人。她深深爱着赵明诚，渴望他能够陪在自己身边，渴望他能够疼爱自己，渴望与他一起在温馨的家里吟诗作画。在情感面前，女人想要的一切，她都渴望。可是，家族的命运和政治把她美好的生活打乱了。

淡云来往月疏疏

望着镜中凌乱的发髻，李清照却无心梳妆打扮。描红为谁？画眉为谁？这肩胛上消瘦冰冷的锁骨又有谁可以替自己暖一回？

> 髻子伤春懒更梳，晚风庭院落梅初。淡云来往月疏疏。
> 玉鸭熏炉闲瑞脑，朱樱斗帐掩流苏。通犀还解辟寒无？
>
> ——李清照《浣溪沙》

“髻子伤春慵更梳”闺中女子被满怀春愁折磨得无精打采，没有心情梳妆只随意地挽起了发髻。“晚风庭院落梅初”中的“初”字巧妙地点出了季节时间：习习晚风吹入庭院，正是春寒料峭之时，院里的寒梅已经有些飘落。春愁本就撩人，何况又见花落！紧接着一句“淡云来往月疏疏”勾勒出此时的环境是无比的寂静，在这月明云淡的夜晚，恐怕又要难以安眠了。

“玉鸭熏炉闲瑞脑，朱樱斗帐掩流苏”，镶嵌着美玉的鸭形熏炉中，还闲置着珍贵的龙脑香，织有朱红樱桃花色、覆盖如斗形的小帐低垂着，上面装饰着五色缤纷的丝穗。“玉鸭熏炉闲瑞脑”中的一个“闲”字，恰当地点出了因愁苦无绪，连心爱的龙脑香味也懒得闻的形象。“通犀还解辟寒无”，这只犀角曾尽心尽意地为男女主人布温驱寒；而今伊人远隔，犀角似乎也忘了为孤独的人儿避寒的使命。

可是，即使有犀角为自己避寒，她的凉是由心生的，少了男主人的陪伴和关怀，她感觉整个世界都失了颜色，整个人都如坠冰窟。

《诗经·伯兮》里说：“自伯之东，首如飞蓬。岂无膏沐，谁适为容？”她也说“髻子伤春懒更梳”。女为悦己者容，心上人不在身边竟连打扮的兴致都失去了。随后，词人开始描写室内的物品，虽然一句话都没有写自己思念对方，可是思念之情已然隐藏在字里行间。描写室内物品，正是因为过分孤寂无聊，才会细细地数着这些物品，与这些物品做伴。最后一句“通犀还解辟寒无”的追问，使得整首词中的寂寞无聊无处不在。

离忧无可诉

返回原籍的李清照，无时无刻不在思念着远在京城读书的赵明诚。她的脑海里不断重复着二人相处的幸福场景：伴着清脆的鸟鸣二人起身梳洗打扮，赵明诚微笑着为自己描眉施黛；在和煦的阳光下二人紧紧相依，一起把玩金石器皿；在朦胧的月光下她抚琴吟词，赵明诚微笑着随节拍轻轻点头……指尖似乎还残存着赵明诚的温度，可是恍然想起两人已经分离。想念他的诗词已经写下无数，可是心头的思念之情丝毫没有得到排遣。

红酥肯放琼苞碎，探著南枝开遍未？不知酝藉几多香，但见包藏无限意。

道人憔悴春窗底，闷损阑干愁不倚。要来小酌便来休，未必明朝风不起。

——李清照《玉楼春》

“红酥肯放琼苞碎，探著南枝开遍未”，梅花朵朵含苞待放，娇艳的花朵惹人爱怜。初唐时李峤《梅》诗云：“大庾敛寒光，南枝独早芳。”张方注：“大庾岭上梅，南枝落，北枝开。”如今对南枝之花还须问“开遍未”，则可以推测梅枝上的花朵大都含苞待放。“不知酝藉几多香，但见包藏无限意”，表面是描写红梅绽放时的酥润丰满，馥郁芬芳，实则是写自己艳丽动人，光彩夺目，纯洁深情。

下片由咏梅转向写赏梅之人，不写梅花盛开，却由含苞直跳到将败，这是咏梅的奇笔；写赏梅却先道自己的憔悴和愁闷，这是赏梅之妙想。看着窗外的春光，再看看被相思所困扰的自己，心情更加郁闷，竟渐渐显出憔悴的姿态。俨然有“挼尽梅花无好意，赢得满衣清泪”的画面。虽然心境不佳，但梅花还是要赏的，所以“要来小酌便来休，未必明朝风不起”。想要饮酒赏梅便来罢，明天说不定要起风了呢！此句隐含着莫错过大好时机且举杯遣怀的意味。

傲立霜雪的梅花是历来文人墨客的吟诵对象，宋代咏梅词很多，可是能尽得梅花神韵的上乘之作却并不多见。

李清照这首《玉楼春》不仅写活了梅花，而且刻画出赏梅者虽愁闷却仍禁不住要赏梅的矛盾心态。

陈祖美在《李清照简明年表》中推断此词写于宋崇宁三年（1104年），当时由于政治党争的缘故，李清照回了老家。夫家娘家，一荣一枯，李清照初次意识到了政治斗争的残酷和人情冷暖。因此，李清照变得格外敏感，总担心美好的东西会匆匆消失，面对含苞待放的红梅，就会联想到它凋谢飘零的样子，不禁生出愁绪。

幸福相依的画面还仿如昨日，但此时二人已是天各一方。虽下定决心不再倚栏眺望，但她还是忍不住思念丈夫，情不自禁地倚栏遥望。盼望丈夫能够早日归来，与自己一起“小酌”，赏梅。虽是回到赏梅的话题上，却句句都在写自己的相思情怀。

归来也 著意过今春

春草青青，春华灼灼。碾茶成粉，晓梦怀人。花映重门，月掩黄昏。二年三度，辜负东君。李清照期盼着这个春天能够与丈夫团聚。

> 春到长门春草青，江梅些子破，未开匀。碧云笼碾玉成尘，留晓梦，惊破一瓯春。
>
> 花影压重门，疏帘铺淡月，好黄昏。二年三度负东君，归来也，著意过今春。
>
> ——李清照《小重山》

这首《小重山》韵致颇为动人。词中写到了春草青青，江梅初绽；写到了碧云碾茶，一瓯新茗；写到了花影压重门，疏帘铺淡月，真是清新美妙的意韵。

“春到长门春草青”，表面写春天已经到来，阶前的小草开始返青，实则隐含的意思是春草已青而良人未归。《楚辞·招隐士》："王孙游兮不归，春草生兮萋萋。"李清照这里借用了五代时花间派词人薛昭蕴《小重山》的词句："春到长门春草青，玉阶华露滴、月胧明。"李清照套用了前人的词句，想必定是这句词让她怦然心动，激发了她的创作灵感。

"春到长门春草青"中的长门是指汉朝长安离宫名。汉武帝皇后陈阿娇失宠后就在长门宫幽居独处。司马相如《长门赋序》中说："孝武皇帝陈皇后，时得幸，颇妬。别在长门宫，愁闷悲思。"自从离开赵明诚后，李清照就一直独守空闺，这种孤寂茫然的心态令她对类似情境的词句格外敏感。

"江梅些子破，未开匀。"野生的江梅只有少许嫩蕊初放，尚未遍开，显得新鲜而娇艳，此时正是赏梅的好时节。李清照看着春意盎然的景致，有了好兴致，于是将碧云团茶碾成了粉末进行烹煮，烹煮的过程中不时飘出阵阵清香。煮开后，她将煮好的茶水倒进青瓷茶瓯里。捧着那一瓯荡漾的绿色茶水，轻啜一口，顿觉唇齿生香。让她情不自禁地品味起了昨夜的残梦。梦里，她的夫君归来了，是和她携手赏春，品茶吟诗，还是低语轻诉，互诉别后离情？那种温暖的记忆在心头如一团和煦的春风。

春草乍青，江梅初绽。一瓯春茶，驱散了心头最后一丝朦胧睡意。美好的春天来了，也给人带来了生命中的欣喜与希望。就这样恍恍惚惚间，如梦似幻，不知不觉就到了晚上。繁密的花影覆压在重重门上，淡淡的月光映照着薄薄的窗帘，这春日景象绰约有致，幽雅恬静。可惜，此时的李清照，却只有月色与花影相伴。这不禁让她想起自己已与赵明诚分别两年了，自己在大好的青春年华里独守空房，真是辜负了这美妙的大好春光。

这首词基调明朗轻快，尽管掺杂了些许寂寥与忧郁，但仍然对生活充满了热切的期待，与李清照以往低婉悲情的离情词作风格明显不同。词中的“江梅些子破，未开匀”，一个“破”字形容江梅花苞初绽之状，“些子”，犹言“一些”，口语色彩显得十分轻快。

“未开匀”形容早梅色彩的深浅错落感，贴切生动，令人喜爱。“留晓梦，惊破一瓯春。”写晓梦初醒，所梦之事犹残留在心，而香茗一杯，顿使人神志清爽，梦意尽消。“一瓯春”，一瓯春茶。而“晓梦”似与怀人有关，含而未露，耐人寻味。

“花影压重门，疏帘铺淡月”，一个“压”字将门上花影的繁密写得有了一种覆压的重量和质感；而一个“铺”字将淡淡月光照进帘栊时，映照满室清辉的清旷和动感生动地表现了出来。“疏帘铺淡月，好黄昏”一句写景如画，意境淡远，素为人所称道，让人不禁想起林逋《山园小梅》诗中“疏影横斜水清浅，暗香浮动月黄昏”的名句。

结尾处的“二年三度负东君，归来也，著意过今春”，深情地呼唤丈夫能够早日来接自己回家。曾经两度的春光已然辜负，当第三个春天来到的时候，希望愿望不再落空，两人可以“著意过今春”。

浮沉瞬间事

赵挺之因追随蔡京打击“元祐党人”不断得到升迁，赵明诚也在父亲的影响下于崇宁二年（1103年）踏入仕途。然而，政治斗争是异常残酷的，随着旧党人物被驱逐殆尽，赵挺之与蔡京的矛盾也渐渐暴露出来。

> 既相，与京争雄，屡陈其奸恶，且请去位避之。以观文殿大学士、中太一宫使留京师。乞归青州，将入辞，会彗星见，帝默思咎征，尽除京诸蠹法，罢京，召见挺之曰：“京所为，一如卿言。”加挺之特进，仍为右仆射。
>
> ——《宋史·赵挺之传》

崇宁五年（1106年）二月，蔡京罢相，赵挺之复授尚书右仆射兼中书侍郎。政治斗争就是如此，一方荣宠，另一方必然势弱。赵挺之暂时得到胜利，位极人臣。与此同时，朝廷毁“元祐党人碑”，继而大赦天下，解除一切党人之禁，李格非等“并令吏部与监庙差遣”（《续资治通鉴拾补》卷二十六），李清照也得以返归东京与赵明诚团聚。

然而，天下之事多是无常。蔡京虽失势，但这一情形并没有持续多久。1107年，蔡京被重新任用为宰相。

> 京免为开府仪同三司、中太乙宫使。其党阴援于上，大观元年，复拜左仆射。以南丹纳土，躐拜太尉，受八宝，拜太师。
>
> ——《宋史·蔡京传》

同年三月，赵挺之辞去宰相官职，罢掉右仆射。仅仅五天之后，赵挺之便病逝在家中。

赵挺之的死对赵家来说是一次由盛转衰的重大转折。赵挺之死后，赵家再遭迫害，蔡京以受贿之名，抄了赵家。赵明诚也被捕入狱，“开封府捕（赵家）亲戚使臣之在京者，送制狱穷究”。后因蔡京栽赃赵氏受贿未果，只好放了赵氏之人，但令其不得在京居住。赵明诚一家只得回了青州老家。

由此，赵氏一门开始破败。赵明诚和李清照这一次回青州居住，一住便是十年。

第四章

幸福时光　当时只道是寻常

幸福的归来堂

李清照随赵氏一家回到青州，开始了屏居乡里的生活。两人搜集文物、潜心著书，不再为政治烦心，每天过得充实而舒适。

李清照极为称赏的文学家晁补之，在故乡缗城（今山东金乡）修“归去来园”，园中的堂、亭、轩皆以《归去来兮辞》中之词语命名。赵明诚夫妇出于对晁补之的仰慕以“归来堂”名其书房。由于李清照喜欢《归去来兮辞》中“倚南窗以寄傲，审容膝之易安”的语句，于是自号“易安居士”。

赵明诚性情淡泊，屏居乡里后便潜心搜集研究金石书画，除了衣食所需之外，家中剩余的积蓄几乎都用于购买书画古器。赵明诚刚出仕时，便有“饭蔬衣练，穷遐方绝域，尽天下古文奇字之志”。李清照在这方面，与赵明诚志趣相投，故千方百计地缩减衣食支出，把节省下的钱用于购买古书、名画或彝鼎金石。买回古书后，夫妇二人便共同校勘、鉴赏、指摘瑕疵。李清照博闻强记，在史学的造诣上甚至超过赵明诚，其才华常常令赵明诚赞叹不已。他们建造了藏书的房舍，一有时间就在里面整理收藏的典籍。

李清照与赵明诚虽然失去了昔日京师丞相府中的优裕生活，却享受到居于乡里平静安宁的无限乐趣。他们在这十年间一起研文治学，一起搜求金石古籍，度过了和谐快乐的时光。

> 后屏居乡里十年，仰取俯拾，衣食有余。连守两郡，竭其俸入，以事铅椠。每获一书，即同共勘校，整集签题。得书、画、彝、鼎，亦摩玩舒卷，指摘疵病，夜尽一烛为率。故能纸札精致，字画完整，冠诸收书家。
>
> ——《金石录后序》

青州古城不仅是古齐国的腹心地区，还是古老的文物之邦，丰碑巨碣、三代古器，时有出土。赵明诚夫妇在当地搜集到《东魏张烈碑》《北齐临淮王像碑》及唐李邕撰书《大云寺禅院碑》等一大批石刻资料。

第一消魂是斗茶

李清照喜欢把书置于任何一个可以阅读的地方：清晨的桌边，午后的窗边，傍晚的纳凉椅上，甚至夜晚的床榻上。李清照不仅爱看书，还爱与赵明诚“赌书”，夫妇二人“赌书泼茶”的风雅之事传为美谈。

> 余性偶强记，每饭罢，坐归来堂烹茶，指堆积书史，言某事在某书、某卷，第几叶、第几行，以中否角胜负，为饮茶先后。中即举杯大笑，至茶倾覆怀中，反不得饮而起。甘心老是乡矣。故虽处忧患困穷，而志不屈。
>
> ——《金石录后序》

归来堂上，编校鉴赏间隙，李清照与赵明诚竟玩起比赛博闻强记的游戏。各自暂时放下手中的毛笔，捧一盏清茶在藏书前闲坐。一人在堆积如山的典籍中随手抽一本，让对方说出其中的某些条律典故，再说出这些典故载于哪卷、哪页和哪行，赢者可先饮茶。可往往是赢者过于开心，反而将茶水洒落一身。读书本是风雅之事，赵明诚与李清照这对才子佳人让读书充满了乐趣与情趣。

这段“赌书泼茶”的风雅之事被后世文人纷纷赞颂。清代诗人陈文述在《题〈漱玉词〉》中就不无羡慕地吟咏道：“桐荫闲话芝芙梦，第一消魂是斗茶。”纳兰容若也曾在《浣溪沙》中用“被酒莫惊春睡重，赌书消得泼茶香”，来表现伉俪情深。

李清照与赵明诚哪怕在生活比较拮据的那些日子里，也以诗佐酒、把玩金石。其实，只要夫妻情深，纵使生活在山野之处又有何怅恨！

很多年以后，李清照回忆起这段时光，仍然是那么眷恋。李清照两情相悦的婚姻在那个时代无疑是幸福的，然而这份幸福随着战乱结束了，她和赵明诚终究是没能逃过生离死别。

纵横大论

李清照与赵明诚经常会谈论诗文。一天，赵明诚说道："我喜欢你那些'惊起一滩鸥鹭''梨花欲谢恐难禁'之类的句子，仿佛不经意为之，苦苦寻思，奈何无法写出这样的语句。若刻意斧凿，反倒弄巧成拙。"

李清照说道："我常听父亲说：'文不可苟作，诚不著焉，则不能工。且晋人能文者多矣，至刘伶《酒德颂》，陶渊明《归去来兮辞》，字字如肝肺出，遂高步晋人之上，其诚著也。'古人云：言为心声。乐府声诗并著，讲究词随意发，情景交融。或吟或唱，均可使人心动情随。若刻意雕琢，工求纤丽，就味同嚼蜡了。"

李清照虽为柔婉的女子，其眼界和见地却毫不输有才华的男子。她的一篇《词论》更是品评了各大词家。

李清照在《词论》中大胆地批评男性世界里的成名人物。首先笔锋犀利地批评了柳永多写风尘之事，"虽谐音律，而词语尘下"，显得格调不够高雅。

接着，她说到了张先和宋郊、宋祁兄弟，以及沈唐、元绛、晁端礼等人，“虽时时有妙语”，但缺乏精妙完整的构思，不足为名家。

对于词坛最负盛名的晏殊、欧阳修、苏轼，李清照也是一针见血地指出其疵病之所在。“至晏元献、欧阳永叔、苏子瞻，学际天人，作为小歌词，直如酌蠡水于大海，然皆句读不葺之诗尔。又往往不协音律者，何邪？盖诗文分平侧，而歌词分五音，又分五声，又分六律，又分清浊轻重。”音律不协调，不可称之为词，是念得唱不得的。李清照非常讲究音律，认为词作为音乐文学应具备艺术特性，明确词的平仄、声韵、音律等文体性特点。对于王安石、曾巩两位大家，也是毫不留情：“王介甫、曾子固，文章似西汉，若作小歌词，则人必倾倒，不可读也。”

评价晏几道、贺铸、秦观与黄庭坚，也是开门见山。“后晏叔原、贺方回、秦少游、黄鲁直出，始能知之。又晏苦无铺叙，贺少典重。秦即专主情致，而少故实，譬如贫家美女，虽极妍丽丰逸，而终乏富贵态。黄即尚故实，而多疵病。譬如良玉有瑕，价自减半矣。”细腻深入和生动活泼的分析，不仅引人入胜，而且对于词以后的创作发展和艺术表现力的提高，都大有益处。王国维的《人间词话》在很大程度上是借鉴了李清照的看法。

自是花中第一流

桂花是中国传统十大名花之一，其气味清香扑鼻，闻之令人神清气爽。在中国古代的咏花诗词中，咏桂之作的数量颇为可观。李清照的咏桂之作，颇受人们称赞。

> 揉破黄金万点轻，剪成碧玉叶层层。风度精神如彦辅，大鲜明。
>
> 梅蕊重重何俗甚？丁香千结苦粗生。熏透愁人千里梦，却无情。
>
> ——李清照《摊破浣溪沙》

那金黄色的盛开的桂花，被碧玉一般的层层绿叶装点着枝头，映衬得桂花分外妩媚。“风度精神如彦辅，大鲜明”，赞叹桂花的风度精神如同西晋时的彦辅，个性风貌鲜明突出。此处的彦辅即是西晋末年人称“中朝名士”的乐广，官至尚书令。《世说新语·品藻》记载：“刘令言始入洛，见诸名士而叹曰：‘王夷甫太解明，乐彦辅我所敬。’”称彦辅“太鲜明”，是清照误记。这句喻桂花的清高、名重。

李清照对历史名人乐广之所以崇敬有加，离不开时代的原因。当时正值北宋、南宋交替的乱世，就像乐广之处于西晋末年一样，乐广能在“世道多虞，朝章紊乱”之际，做到“清己中立，任诚保素”，无疑是身处乱世的李清照所遵奉的做人准则。因此，李清照将桂比人、将人拟桂，便在情理之中了。

“梅蕊重重何俗甚？丁香千结苦粗生。”寒梅、丁香均为世人所喜爱，尤其是傲霜凌雪的梅花更是花中佼佼者。而李清照笔下也不乏咏梅佳句，如“雪里已知春信至”“香脸半开娇旖旎”“莫辞醉，此花不与群花比”“良宵淡月，疏影更风流”等。如今她为了突出桂的“清”“雅”，不惜以“俗”“粗”来写寒梅与丁香。

“熏透愁人千里梦，却无情”，桂花浓郁的香气引发梦中人的千里相思之情，故而责怪桂花的“无情”。但也正是如此，才使得桂花的香气给人留下不可磨灭的印象。

在《漱玉词》里，李清照多次写到桂花，倾心赞美它“何须浅碧深红色，自是花中第一流”。

暗淡轻黄体性柔，情疏迹远只香留。何须浅碧深红色，自是花中第一流。

梅定妒，菊应羞，画阑开处冠中秋。骚人可煞无情思，何事当年不见秋？

——《鹧鸪天》

八月桂花香，桂有多种，花白者名银桂，花黄者名金桂，花红者名丹桂。桂花的颜色不太鲜艳，只是“暗淡轻黄”；桂花的姿态不是太雍容华贵，仅仅给人柔美的感受；桂花的香味不浓烈，然而香味在空气中弥留很久。“暗淡轻黄体性柔，情疏迹远只香留。”短短十四字却形神兼备，写出了桂花的独特风韵。“何须浅碧深红色，自是花中第一流。”桂花不与群花争艳斗奇，其美丽、芳香，不与尘世合流的清高脱俗，自然使它成为“花中第一流”。

这首词与《鹧鸪天》中对桂花所表达的喜爱之情很是类似，其在咏物的表达方式上也有异曲同工之妙。

这就像在朝廷的争斗中，保持自身不与奸佞之人同流合污。

赵氏一门虽遭蔡京诬陷，离开了东京，但在青州十年的生活是李清照生命当中最欢愉的时光。大宋政和四年（1114年）秋，赵明诚为李清照的画像题词：“易安居士三十一岁之照。清丽其词，端庄其品，归去来兮，真堪偕隐。政和甲午新秋，德父题于归来堂。”对李清照而言，恐怕再没有比这赞美更令她称心的了。

在赵明诚眼里自己的爱妻，就是这样一枝“清丽其词，端庄其品”的“花中第一流”。

政和七年（1117年），在李清照的大力襄助下，赵明诚大体上完成了《金石录》的写作。除自作序言外，还请当时著名的学者刘跂题写了一篇《后序》。史称，赵明诚撰《金石录》，李清照“亦笔削其间”。

群芳凋尽 凄苦愁浓

宋徽宗重和年底（1118年），赵明诚结束了隐居生活，离开了生活了十年之久的“归来堂”，重返京城，而李清照并没有跟赵明诚同行。

> 小阁藏春，闲窗锁昼，画堂无限深幽。篆香烧尽，日影下帘钩。手种江梅更好，又何必、临水登楼？无人到，寂寥浑似，何逊在扬州。
>
> 从来，知韵胜，难堪雨藉，不耐风揉。更谁家横笛，吹动浓愁？莫恨香消雪减，须信道、扫迹情留。难言处，良宵淡月，疏影尚风流。
>
> ——李清照《满庭芳》

梅花绽放时节折得一枝插在闺房之中，“闲窗锁昼，画堂无限深幽”，即使与外界隔绝了，“小阁”里也满是春意。篆香烧尽了，日影西斜了，才发现自己在屋内坐了一天。于是，自嘲道：有这一枝自己亲手插在花瓶中的“江梅”，就没必要临水登楼饮酒赏望了。事实上，词人不愿打开门窗，不愿“临水登楼”，都是怕户外的春光搅乱心绪，引出对离人的不尽思念之情。

梅花色泽美艳，虽不像其他花般畏惧霜雪，但寒风冷雨的摧残还是会使它受到伤害。阵阵悠扬的笛声传来，轻易地拨动了词人的心弦，不禁让她的愁绪更为浓重。不要怨恨暗香消失落花似雪，要相信，虽然梅花踪迹难寻但它的情意长留。“难言处，良宵淡月，疏影尚风流”是补足“情留”之意。一个月光朦胧的美好夜晚，淡淡的月光洒在梅树枝头，横斜优美的姿影投在地上，从这姿影里还能看出梅花的俊俏风流，独特清奇。

李清照的咏物词中咏梅词的数量是最多的，这首《满庭芳》后人补词题为“残梅”。此词历来被视为李清照前期的作品，刘瑜《李清照全词》认为此词当为李清照南渡前的词作。不过，也有学者认为此词是李清照后期的作品，如谢桃坊就认为它应是李清照遭到家庭变故后所作。

多少事欲说还休

宣和二年（1120年），赵明诚出任莱州知州，于是他再次踏上仕途，二人也再次迎来了长时间的分离。

香冷金猊，被翻红浪，起来人未梳头。任宝奁尘掩，日上帘钩。生怕闲愁暗恨，多少事、欲说还休？今年瘦，非干病酒，不是悲秋。

休休！这回去也，千万遍《阳关》，也则难留。念武陵人远，烟锁秦楼。记取楼前绿水，应念我、终日凝眸。凝眸处，从今又添，一段新愁。

——李清照《凤凰台上忆吹箫》

“香冷金猊，被翻红浪。起来人未梳头”。一夜过去，金猊里的香早就熄灭了。经过一夜的辗转反侧，起床之后已是无心整理床铺，亦无心梳洗打扮。这种意兴阑珊的状态已经持续许多时日了，以至于精美的梳妆匣上落满灰尘，渐升的晓日高过帘钩。虽是写无心梳妆这件事，但说的却是充溢在心间的离愁别恨。

“香冷金猊，被翻红浪”营造出一种冷落凄清的感觉。“被翻红浪”化用柳永《凤栖梧》词“酒力渐浓春思荡，鸳鸯绣被翻红浪”句意，暗示夫妻以前的生活场景，而与前句连用更突出了冷落凄清之感。

“生怕闲愁暗恨”数句说出愁的原因，点明题旨。本来有许多心事想告诉丈夫，可是一想到说出来会增添他的烦恼影响他的行程，话到嘴边又咽了回去。“多少事、欲说还休”一句，与孙夫人《风中柳》词“怕伤郎、又还休道”同意。欲说又不忍说，甘愿把痛苦埋藏在心底，充分可见词人对丈夫的深爱。

“今年瘦，非干病酒，不是悲秋。”词人用排除法概括“今年瘦”的原因：有人是因“日日花前常病酒”，有人是因“万里悲秋常作客”，而词人日渐消瘦则与这些无关。那词人为什么瘦呢？因为这即将到来的离别。

“休休！这回去也，千万遍《阳关》，也则难留。”罢了罢了，既然无法挽留，那就以“千万遍《阳关》”来为你送行。其缠绵留恋至深，离别痛苦更切。“念武陵人远，烟锁秦楼”，以一典故来叙述，更是表达了离别后久盼不归的愁苦之意。而这种愁苦思绪渐渐转变为隐隐的怨恨，但这又是无法回避的痛苦。“凝眸处，从今又添，一段新愁。”即使怨恨，内心仍有期待，但是随着又添“新愁”，希望变得越来越渺茫，悲苦怨恨之意更是难以遏制。

细读这首词，弥漫着浓浓的离别相思之苦。词的开篇就渲染出了失落惆怅的基调，形象具体地展现出词人不舍与丈夫分别的愁苦与无奈心情。《草堂诗余隽》中称此词："写其一腔临别心神，新瘦新愁，真如秦女楼头，声声有和鸣之奏。"

她是愁人

春天的娇花即将开放，嫩柳也渐渐染绿。临近寒食节的暮春，一场漫长而阴沉的雨让李清照的庭院显得冷冷清清。连日来的春寒让她将帘幕垂得很低，就连平常倚靠的玉栏杆也懒得凭倚。香火已经燃尽，锦被清冷，李清照勉强起身坐在窗前呆呆地望着新长出的梧桐叶。

萧条庭院，又斜风细雨，重门须闭。宠柳娇花寒食近，种种恼人天气。险韵诗成，扶头酒醒，别是闲滋味。征鸿过尽，万千心事难寄。

楼上几日春寒，帘垂四面，玉阑干慵倚。被冷香消新梦觉，不许愁人不起。清露晨流，新桐初引，多少游春意？日高烟敛，更看今日晴未。

——李清照《念奴娇·春情》

李清照这一时期所处的环境，多是冷冷清清的“萧条庭院”，而这个环境不禁给人寂寞萧瑟之感。庭院深深，寂寥无人，令人伤感；再加上细雨斜风的侵袭，只能“重门须闭”，躲避外界的“风雨”。“宠柳娇花寒食近，种种恼人天气”，庭院外面是烂漫的春天，可随着寒食节的临近，细雨霏霏的黄梅天气终究是会伤害这“宠柳娇花”，真是“恼人天气”。将自己细腻的感受与情绪融入庭外的细微景色和天气中，这是李清照词的高明之处。

“险韵诗成，扶头酒醒，别是闲滋味”，由天气、花柳，渐次写到人物。“险韵诗”“扶头酒”，在百般无聊之下，词人只好以作诗、饮酒来打发光阴，可是酒醒之后，留下的却是无言诉说的“闲滋味”。

“征鸿过尽，万千心事难寄。”“征鸿过尽”是用鸿雁传书的典故，暗寓赵明诚走后，词人欲寄相思而信使难逢。李清照同大多数女人一样，十分依赖自己的丈夫，尤其在暮春时节面对满院的春色，思念之情更是抑制不住。“万千心事”，关它不住，遣它不成，寄也无方，最后只能把它深深地埋藏心底。

“楼上几日春寒，帘垂四面，玉阑干慵倚。”春寒料峭，词人独坐楼头慵倚玉阑，神情甚是落寞。“帘垂四面”是上阕“重门须闭”的进一步发展，因风雨既关上重门，又垂下帘幕，使得小楼更添幽暗。词人处在这种环境下的心情如何，就不言而喻了。“玉阑干慵倚”既刻画出词人无聊的样子，也隐藏着离愁别怨。阑干慵倚楼内寒深，枯坐更添愁闷，于是词人恹恹入睡了。心事无人可告，唯有托诸梦境；而刚刚进入梦乡，又被寒冷唤回。这种辗转难眠的愁闷，全被刻画了出来。“被冷香消新梦觉，不许愁人不起”，多少无可奈何的情绪都包含在这一句中。

“清露晨流，新桐初引”，词境为之一变，顿时显得清新疏朗。晨起时，李清照开帘打量了一下庭院中的景色：只见花叶上的露珠晶莹剔透，梧桐树上新芽绽放，她仿佛看见了希望。春意盎然的景象吸引了李清照，忽然就顿生游春之意。“日高烟敛，更看今日晴未。”日头已渐渐升高，晨霭渐渐敛去，她还是没有起身，看着窗外的天气变化，心头又涌上一番愁绪。

清人毛先舒在《诗辨坻》里曾这样评价李清照的《念奴娇》：“李易安《春情》，‘清露晨流，新桐初引’，用《世说》全句，浑妙。尝论词贵开拓，不欲沾滞，忽悲忽喜，乍近乍远，所为妙耳。如游乐词，须微著愁思，方不痴肥。李《春情》词本闺怨，结云‘多少游春意’‘更看今日晴未’，忽而开拓，不但不为题束，并不为本意所苦。直如行云，舒卷自如，人不觉耳。”确实如此，末句更是大有“今朝有酒今朝醉，明日愁来明日愁”的气场，令人读来内心忽觉十分敞亮。

凄凉哀怨的半夜凉初透

春去秋来，不知不觉重阳节到了。杜牧曾在《九日齐山登高》中写道："江涵秋影雁初飞，与客携壶上翠微。尘世难逢开口笑，菊花须插满头归。但将酩酊酬佳节，不用登临恨落晖。古往今来只如此，牛山何必独霑衣。"登高、饮酒、赏菊，杜牧在这首诗中把重阳节的热闹景况描写得淋漓尽致。然而，独自过重阳节的李清照又是怎样一番景象？

> 薄雾浓云愁永昼，瑞脑消金兽。佳节又重阳，玉枕纱厨、半夜凉初透。
>
> 东篱把酒黄昏后，有暗香盈袖。莫道不消魂，帘卷西风，人比黄花瘦。
>
> ——李清照《醉花阴》

“薄雾浓云”布满了整个天空，始终没有见到阳光。在这种阴冷的日子里，词人只能孤坐闺中看着瑞脑香的袅袅青烟出神。以一句“佳节又重阳”过渡，点名“每逢佳节倍思亲”。随之，又从“玉枕纱橱”这些具有象征意义的事物，来暗示因思念丈夫而辗转反侧的样子。“半夜凉初透”，不只是时令转凉身体寒冷，更透露出一番凄凉滋味。

“东篱把酒黄昏后，有暗香盈袖”，词人步入花园，赏菊饮酒，一直到“黄昏后”。重阳节的菊花开得甚好，菊花的幽香盛满了词人的衣袖，然而词人哪里还有往日的情怀？“莫道不消魂，帘卷西风，人比黄花瘦”以花木之“瘦”比人之瘦，前后对比，更是烘托出物是人非，今夕异趣。“帘卷西风”一句更直接为“人比黄花瘦”做了环境气氛的渲染，也使其“黄花”有了更深厚的寄托，此句也才能成为千古传诵的佳句。

赵明诚收到这首词后，先被妻子思念自己的情谊所感动，后又被妻子的才华所震撼。为了和妻子一决高下，他闭门谢客，花了三天时间写出了五十阕词。他把李清照的这首词与自己的词放在一起，请友人陆德夫品评。

陆德夫细品之后，对赵明诚说：“士别三日，当刮目相看，不想赵兄竟有如此大的长进，佩服！佩服！”赵明诚听后十分欢喜，于是慌忙问：“好在哪里？”陆德夫说：“只三句绝佳。”赵明诚问是哪三句，陆德夫答：“莫道不销魂，帘卷西风，人比黄花瘦。三句真乃神笔，出语不凡！”

赵明诚虽闭门三日仍未写出“莫道不销魂，帘卷西风，人比黄花瘦”这样的句子，一方面或许是才华不及李清照，另一方面还可能是因为他没有李清照那样细腻的情感，没有感受过那样浓的思念。

当年，《点绛唇》巧妙地表现出女儿家调皮娇羞的样子，展现于世人眼前的是一幅秀丽惹眼的画面。妙龄芳华的女子穿着轻盈飘逸的衣裙，在花树下荡着秋千，香汗涔涔微湿了裙裾。客人忽然的到访，使得少女和羞而走，于慌乱中松散了一头秀发。可是，“和羞走，倚门回首，却把青梅嗅。”

如今，李清照却因相思走进了“莫道不消魂，帘卷西风，人比黄花瘦”的境地。两地分居的相思之苦，啃噬着她的心，真真如柳永所言“衣带渐宽终不悔，为伊消得人憔悴”。

从“照花前后镜”的自恋，到“人比黄花瘦”的自怜，李清照全部快乐与幸福都来自那个名叫赵明诚的男人。千年来，人们看到秋风中摇曳的菊花，总会不由自主地想起那个写出“莫道不消魂，帘卷西风，人比黄花瘦”的痴情才女。

望断归来路

暮春时节，花落如雨，深闺里弥漫着一种落花般颓然和无奈的气息。无边的寂寞如潮水般向那深闺女子心头涌来，使她对任何事情都失了兴趣。

> 寂寞深闺，柔肠一寸愁千缕。惜春春去，几点催花雨。
>
> 倚遍阑干，只是无情绪。人何处？连天衰草，望断归来路。
>
> ——李清照《点绛唇》

春天即将远去，过去的欢乐只剩下记忆：曾经一起在“归来堂”品赏金石书画，曾经一起赌书斗茶赏月赏花。如今，伊人远去，只剩一人独守空闺愁看春暮。

“寂寞深闺”仅四字就将独居闺房的女子寂寞的心情刻画了出

来，紧接着一句“柔肠一寸愁千缕”，词人将“一寸”柔肠扩大到“千缕”愁思，进而引发出对春天离去产生的“惜春”情感。

“倚遍阑干，只是无情绪”，不断地眺望远方，期待着心上人的归来，但是愿望的一再落空，让人一点精神也没有，很是“无情绪”。可即便这样，她还是忍不住追问“人何处”，这也集中体现了词人对心上人的思念。“连天衰草，望断归来路”，衰草连接处的尽头，大概就是心上人的去处吧。此处虽是采用夸张的手法，实则是蕴含着热切渴望又失落后的伤心。

中国古典诗词中常用“倚阑”表示人物心情忧郁无聊。词人“倚”这个动词后面缀以“遍”字，生动地刻画出深闺女子百无聊赖的烦闷苦恼。下句中“只是”与“倚遍”相呼应，衬托出因愁苦而造成的“无情绪”，有力地表现了女子愁情厚重却又无法排解。

这首词由寂寞之愁写到伤春之愁，再由伤春之愁写到伤别之愁，后又写到盼归之愁，层层递进地表现了词人心中愁情不断累积的情绪。一个“雨”字把上下两片勾连在一起：远处是无际荒草，近处是雨催花落；闺房内是愁肠寸断，闺房外是满目凄凉。寄情于景，把词人的“愁”可谓是体现得淋漓尽致。所以明代陆云龙在《词菁》中称道此首词是“泪尽个中”，清代陈世焜在《云韶集》中也盛赞此作“情词并胜，神韵悠然”。

爱情重归

一夜，李清照大醉之后来不及卸妆就和衣而睡，发髻上还插着梅花的残枝。酒劲尚未过去，她却被梅香从春睡里熏醒。于是，她竟对这花香产生了怨意。李清照的心绪为什么会如此纷乱？

> 夜来沉醉卸妆迟，梅萼插残枝。酒醒熏被春睡，梦远不成归。
>
> 人悄悄，月依依，翠帘垂。更挼残蕊，更捻馀香，更得些时。
>
> ——李清照《诉衷情》

“酒醒熏被春睡，梦远不成归”，原来李清照在梦里与心上人相会了，可惜醒后只剩自己一人，再难重温那场好梦。

“人悄悄，月依依，翠帘垂”，寥寥数语就勾画了一幅春夜无眠图。梦醒之后久不成寐，只能呆呆地望着低垂的窗帘和高悬空中缓缓移动的明月。“人悄悄，月依依”是对偶句。孤独一人夜不能寐，故觉“悄悄”；皓月缓缓移动，故曰“依依”。“悄悄”不仅是写深夜的寂静，也是写词人的寂寞。用“依依”来描绘明月移动，十分贴切，同时又和“悄悄”所显示的夜深人静的气氛和谐统一，具有很强的艺术魅力。“翠帘垂”，一个“垂”字增加了夜的沉寂。这幅清淡的月夜图，成功地烘托出词人孤单清冷的内心世界。

“更挼”“更捻”的连续简单动作，不仅展现了词人百无聊赖的心理，更包含着复杂的心绪。词人的心思或许早不在梅上，她或许在追忆梦中的情景，或许在回忆昔日的生活，或许由残梅想到自己眼下的处境——由于自己多年无所出，丈夫赵明诚已在莱州纳妾！

“不孝有三无后为大”，李清照明白赵明诚的苦衷，也明白他不带自己去莱州是为了维护自己的自尊。他已贴心地为自己做到这种地步，自己应该知足了。可是，李清照仍然觉得心中憋闷、痛苦。

深夜里只有残梅陪伴着她，替她排遣心头的愁绪，消磨这难挨的时光。“更挼残蕊，更捻馀香，更得些时”，连用三个“更”，使得蕴含的情感更加丰富。也许，天明之后，暮色降临，词人又将数着指头计算还需要煎熬到天亮的分分秒秒。寂寥如此，情何以堪?

李清照想自己如此痛苦、煎熬，说不定赵明诚也在为自己担忧。既然这样，不如去找赵明诚。宣和三年（1121年）八月，李清照终于踏上了去莱州寻夫之路。

后来的事实证明，李清照此举非常明智。

来到莱州的李清照与丈夫赵明诚又恢复了亲密无间的相处模式，赵明诚的小妾们很有眼色地退到一旁，从不插足二人的生活，心情大好的李清照甚至作诗调侃赵明诚忙于公务陪伴自己的时间过少。

寒窗败几无书史，公路可怜合至此。
青州从事孔方兄，终日纷纷喜生事。
作诗谢绝聊闭门，燕寝凝香有佳思。
静中吾乃得至交，乌有先生子虚子。

——李清照《感怀》

这首《感怀》的诗前小序说："宣和辛丑八月十日到莱，独坐一室，平生所见，皆不在目前。几上有《礼韵》，因信手开之，约以所开为韵作诗。偶得'子'字，因以为韵，作感怀诗。"

通过这首诗的小序可知李清照宣和三年离开了居住了十多年的青州，来到了赵明诚所在的莱州。而赵明诚到任不久，室内并无多少家具，显得有些空荡。诗歌起笔就以"寒窗败几无书史，公路可怜合至此"写出了一派凄冷的景象。"青州从事孔方兄，终日纷纷喜生事"李清照用两个典故数说美酒与金钱。人们有了对口腹之欲和金钱的向往，才有了终日纷杂的俗事。李清照跋山涉水本想是与赵明诚日日相伴，可赵明诚忙于应付公门百事，无暇分身，李清照依旧独守空房。在青州时思念他，赶到莱州却依旧不能朝夕相对，她怎能不怨"青州从事孔方兄"的"终日纷纷喜生事"呢？

极度无聊之下，李清照只好作诗以解寂寞。“作诗谢绝聊闭门”是自我安慰、自我排解，初到莱州这个陌生的地方，丈夫不能陪伴自己，不作诗解闷还能如何消遣？“燕寝凝香有佳思”“燕寝凝香”语出韦应物诗：“卫兵森画戟，燕寝凝清香。”闭门作诗时有了“佳思”，郁闷的心情才略微得以转移。跋山涉水过来与丈夫团聚，可是丈夫总是忙于公务，于是李清照忍不住抱怨，自称干脆与虚有的人物结为“至交”算了，不指望赵明诚回家陪伴了。

宋徽宗宣和四年（1122年）初，赵明诚开始在公务之暇重新搜集金石文物。这一段时期，他搜集到了诸如《后魏郑羲上下碑》《北齐天柱山铭》等珍贵的金石碑刻。莱州太守的官署书房也被赵明诚重新布置，并取名“静治堂”，而李清照则继续帮助赵明诚辑集整理《金石录》。

莱州三年任期结束，赵明诚调任淄川太守。赵明诚的《白居易〈楞严经〉跋》中记，他在淄川乡间遇到一位奇人，这人家中珍藏有白居易手书的《楞严经》。白居易墨宝流传不多，亲笔手抄的《楞严经》更是罕见，堪为稀世珍品。赵明诚以太守之尊，恳求这位奇人借予自己两三天，得到同意后，他“因上马疾驱归，与细君（细君是妻子的代称，指李清照）共赏，时已二鼓下矣！酒渴甚，烹小龙团，相对展玩，狂喜不支。两见烛跋，犹不欲寐”。李清照是赵明诚深为欣赏之人，也是可以和他分享人生之乐的同路人，两人酌酒烹茶，相对展玩，爱意融融的情景宛然如初。

从家世升降引发的伤心，到无嗣带来的“绝后”之苦，两人历经波折终于和好如初。李清照以自己的才华、热情牢牢地抓住了赵明诚的心，不论她能否为赵明诚诞下子嗣，她始终是赵明诚心口的朱砂痣。

第五章

应悲易水寒

长寿乐

赵明诚母亲郭氏八十大寿时李清照曾为其作词贺寿，这首《长寿乐·南昌生日》大约就是李清照当时献给赵老夫人的贺寿词。

微寒应候，望日边，六叶阶蓂初秀。爱景欲挂扶桑，漏残银箭，杓回摇斗。庆高闳此际，掌上一颗明珠剖。有令容淑质，归逢佳偶。到如今，昼锦满堂贵胄。

荣耀，文步紫禁，一一金章绿绶。更值棠棣连阴，虎符熊轼，夹河分守。况青云咫尺，朝暮重入承明后。看彩衣争献，兰羞玉酎。祝千龄，借指松椿比寿。

——李清照《长寿乐·南昌生日》

李清照在给婆婆的这首生日祝福中说道：微冷的时节期盼着太阳早些升起，台阶前的蓂荚已长出六片叶子，已经是初六了。冬天的太阳刚刚升起，天将破晓，春天不久将要来临。就在这时你（指赵母）出生在一个显赫的家庭，家人视你为掌上明珠。你拥有不俗姿容、贤淑品德、良好教养，并且嫁了一个好丈夫。到如今，你生活的昼锦堂已经是儿孙满堂，而且个个都是有出息的人了。

你的家庭成员已经进入朝廷中枢，一个个身佩金印绿绶位列三公。可更喜的是你的两个儿子福荫不断，他们持虎符乘熊轼车，成了地方太守。他们的未来不可限量，而且很快就会高升，进入中枢成为皇帝倚重的大臣。看，他们兄弟上前向你敬献美食和美酒，给你拜寿了。祝你长命百岁，与松椿同寿。

词的上半片主要是写赵母本人，“叶阶蓂初秀”的“阶蓂”是古代传说中的一种瑞草。东汉时的文经学著作《白虎通·符瑞》里记载：“蓂荚者，树名也，月一日一荚生，十五日毕，至十六日荚去。故夹阶而生，以明日月也。”因此古人常以荚数的多少来判断时日。“六叶阶蓂初秀”就是说赵母生辰是在月之初六。

夸其人不如夸其子，于是在词的下半片着重夸赞赵母的两个儿子。“棠棣连阴”“虎符熊轼”“夹河分守”“青云咫尺”用多个典故来赞誉赵母的两个儿子，作为母亲自然是心花怒放。

赵明诚的母亲是赵氏家族里的当家人，也是顶梁柱。当年，赵挺之去世之后，赵家三兄弟遭到赵挺之生前政敌蔡京的迫害，身陷囹圄。正是赵明诚之母竭力奔走，才使得赵家三兄弟逃出囹圄。

建炎元年（1127年）三月，赵明诚的母亲郭氏在江宁（今南京）病逝了。赵明诚与李清照接到赵母辞世的噩耗时，不禁泪如雨下。按照古制，父母辞世，儿子要在家中为其守孝三年，其间不得赴宴、不得婚娶、不得应考、不得做官。于是，赵明诚告假后简单地收拾了一下行装，便去为母亲守孝了。

繁华事了

这时的李清照已经四十四岁，她和赵明诚相依相伴已有二十六载。这二十六载以来，政局一直处在急剧的变化和动荡之中。

宋徽宗是一个有艺术才华的皇帝，除了笃信道教外，不仅擅长书、画、乐、舞，还喜欢美酒和佳人。为了博得宋徽宗的欢心，蔡京派人到全国各地搜罗名花、奇石、佳树、珍玩等物，运到京都供其观赏。运送这些花石树木的车船，便称为“花石纲”。“花石纲”所经之处，民夫猬集，钱谷一空。除此之外，徽宗命人在都城内兴建祭祀用的“明堂”，安放九鼎用的“九成宫”和供游赏的“延福宫”，残酷的剥削和压迫逼得百姓不得不纷纷起义。

金军大举南下之时，北宋王朝仍然沉醉于太平盛世的美梦之中。从宋太祖“杯酒释兵权”开始，大宋的军队就开启了“兵不识将，将不识兵”的局面，军队的战斗力早已大不如前。于是，宋金刚一交战问题就暴露了出来，宋军全线溃败，金军则攻城略地直逼宋都东京。徽宗赵佶匆忙禅位，钦宗赵桓仓促登基，改元靖康。

靖康二年（1127年）四月，金军攻破东京，改东京为汴京；俘虏了宋徽宗、宋钦宗父子以及后宫嫔妃和官员等，共计三千多人。至此，北宋灭亡，而这一事件，也被称为“靖康之变”。同年五月，康王赵构即位于南京应天府（今河南商丘），改元建炎，是为高宗，南宋自此开始。金兵继续南下，高宗逃出应天，一路辗转南逃，最后在临安（今浙江杭州）暂时安顿下来。

一连串打击如疾风骤雨，一下子把大宋臣民给打蒙了。长期以来，朝廷注重内患甚于外忧，朝臣重视享乐甚于国事，忧患意识的缺乏成为普遍的社会心理，他们从未想过大宋朝会一朝倾覆，连皇帝亦会成为战争难民。

李清照与赵明诚也从未想过战争会爆发，虽然赵明诚再次出仕，不过他始终在山东一带任职，对边事与时局并不清楚。可是，覆巢之下，焉有完卵？

北方领土沦陷，赵宋王室南渡，臣民也随之仓皇南逃。赵明诚这时淄州任期已满，但暂无调职任命，便勉力担负起守土之责。据资料记载，他这一年因镇压前线流窜下来的散兵游勇，得到了朝廷嘉奖，官职也有升迁，成为后来出任江宁知府的资本。

南渡之路道阻且长

建炎二年（1128年）九月，朝廷急需用人，丧期未满的赵明诚被起用为江宁知府。这就是李清照《金石录后序》中所说的“建炎戊申秋九月，侯起复知建康府”。实际上，此时的南京还叫江宁，建康是在高宗驻跸江宁神霄宫时（1129年）才改的名。而李清照记录此时是事后追记，故而用词不太严谨。

北方局势愈来愈紧张，李清照着手整理遴选收藏，准备南下。

> 既长物不能尽载，乃先去书之重大印本者，又去画之多幅者，又去古器之无款识者。后又去书之监本者，画之平常者，器之重大者。凡屡减去，尚载书十五车。至东海，连舻渡淮，又渡江，至建康。
>
> ——李清照《金石录后序》

精挑细选后的文物书画足足装了十五车，青州的宅子里还有十余屋子的书册古物。如何在这战乱的年月把这些珍藏一件不失地运到江南安全的地方，让李清照伤透了脑筋。

眼看金兵即将杀到青州，没想到在这紧急关头青州城内居然发生了兵变——郡守曾孝序被杀了，战火陡然间从城内燃起。

紧急关头，李清照只好把家仆召在一起，把早先准备从水路运走的十五车文物交予各个仆人，而她则带着大宗文物逃出青州。出逃的路上，她把赵明诚最为珍视的《赵氏神妙帖》藏在了身上。

逃离青州的那一夜，城门外一片火海，整个青州城如同被一条狰狞的火龙缠绕。兵荒马乱之际携着大宗文物迁徙，一个男子都不易做到的事情，李清照却勇敢地去做了。

李清照在《金石录后序》中曾这样记载此事："青州故第，尚锁书册什物，用屋十余间，冀望来春再备船载之。十二月，金人陷青州，凡所谓十余屋者，已皆为煨烬矣。"此处文字当因在传抄中或夺或衍而臻误。史实应为"青州兵变"。在此次劫难中，李清照与赵明诚在青州剩余的书册、连同装满文物的十几间房屋，都被战火焚为灰烬。

行至镇江时，李清照赶上了张遇攻陷镇江府，后逃脱又遭遇了成群的盗贼。庆幸的是，李清照不仅平安地到达了江宁府，还机智勇敢地保住了这批文物。

李清照到达江宁，作为江宁最高长官的丈夫赵明诚前来迎接。想必两人见面的情景应该是"执手相看泪眼，竟无语凝噎"吧！

可怜人似春将老

长夜漫漫无心睡眠，想到国家动荡、民生凋敝，李清照就郁郁寡欢。昨晚，她又梦到自己和丈夫携手走在繁华的汴京城。梦中，汴京城的街道依然那么宽阔，商贩依然站在街头叫卖，百姓依然在街上穿梭……梦醒之时，才恍然想起金人的铁骑早已破坏了这一切，他们早就回不去了。

永夜恹恹欢意少。空梦长安，认取长安道。为报今年春色好，花光月影宜相照。

随意杯盘虽草草。酒美梅酸，恰称人怀抱。醉里插花花莫笑，可怜春似人将老。

——李清照《蝶恋花·上巳召亲族》

“永夜恹恹欢意少”开门见山地说出自己无心睡眠。好不容易进入梦乡，梦中仍在惦记故国江山，醒来却发觉“空梦长安，认取长安道”，失落与惆怅更甚。

“为报今年春色好，花光月影宜相照”，今年的自然春色和往年一样好，而今年的政局却远远不如从前了。“为报”二字，点明了春天的消息是从他人处听来的，并非词人游春所见。这正说明了今年的建康城毫无春意，虽是朝花夜月如故，却失了游春之人。

“随意杯盘虽草草。酒美梅酸，恰称人怀抱”承上启下，点明题旨，透露了词人并无心过好这个上巳节日。酸梅酿成的酒，和自己内心的辛酸是相称的。这两句貌似率直，其实极婉转，极沉痛。

“醉里插花花莫笑，可怜春似人将老”，这里把“花”拟人化。“花莫笑”，就是不要笑我老大不小还插花，这一层词意与末句“可怜春似人将老”紧接，意思是说最需要怜念的是春天也像人一样快要衰老了。“春”暗喻“国家社稷”，“春将老”暗喻“国将沦亡”。

这首《蝶恋花》写出了词人对北方旧河山的依恋，寄寓了对国家社稷的赤子之情。

循城远览以寻诗

梅花是中国十大名花之首，与兰花、竹子、菊花一起被列为“四君子”，与松、竹并称为“岁寒三友”。在中国传统文化中，梅以其高洁、坚强、谦虚的品格，给人以立志奋发的激励。李清照一生对梅花情有独钟，据王仲闻先生的《李清照集校注》统计，在其收录的六十首词中，出现梅花意象的有十八首，占作品总数的三分之一，堪称古代女性咏梅之冠。

李清照与梅花结下了不解之缘，梅在她的笔下，随着命运的变迁不断地变换着角色。忽而是报春的使者，忽而是怀春的少女；一会儿如娇羞的少妇，一会儿像落寞的老妪。人娇则花艳，人悲则花愁。梅花，在李清照的笔下完全具有了人性。

“年年雪里，常插梅花醉”，早年时，李清照经常踏雪寻梅，折来梅花插在鬓间。那时的生活无忧无虑，她为这眼前的美景所陶醉，更为那幸福美满的生活所陶醉。

“挼尽梅花无好意，赢得满衣清泪”，中年时，李清照经历了种种磨难，梅花依旧年年绽放，只是物是人非，再赏梅时却赢得满衣清泪。“插梅”与“挼梅”，前后相比，一喜一悲，反映了不同生活阶段的不同心情。

“今年海角天涯，萧萧两鬓生华”，年华逝去，故国沦亡，远离故土，她没有了往昔赏梅的心思和情怀。况且“看取晚来风势，故应难看梅花”，晚来风急，恐怕梅花早已落尽，想赏梅也看不成了。“风势”，似乎是暗喻当时极不利的民族斗争形势。身世之苦与国家之难糅合在一起，她根本没有了赏梅的闲情逸致。

秋日更凄凉

虽说赵明诚出任江宁知府期间，李清照过了一段相对安定的生活。然而山河破碎，远离故土的悲凉始终萦绕心间。

> 寒日萧萧上锁窗，梧桐应恨夜来霜。酒阑更喜团茶苦，梦断偏宜瑞脑香。
>
> 秋已尽，日犹长，仲宣怀远更凄凉。不如随分尊前醉，莫负东篱菊蕊黄。
>
> ——李清照《鹧鸪天》

秋天的风穿过树林在江宁城里四处游荡，惨淡的阳光照到镂刻着花纹的窗子上，这秋日肃杀的景象让词人不禁生出孤独与寂寥之感。词人不甘心忍受痛苦的折磨，她通过饮酒品茶，来排解内心的愁苦，后来终于昏昏睡去。“酒阑更喜团茶苦，梦断偏宜瑞脑香”，然而，瑞脑香尽，梦中醒来，痛苦再次吞没了她。“喜”和“宜”似乎写欢乐，实际是写悲。茶能解酒，特喜苦茶，说明酒饮得特别多；酒饮得多，表明愁重。“宜”表面似乎是说香气宜人，实则同首句的寒日一样，借香写环境之清寂，因为只有清冷寂静的环境中，熏香的香气才更易散发。

“秋已尽，日犹长”写作者个人对秋的感受。“仲宣怀远更凄凉”，此句以王粲思乡心情自比，透露出词人孤身漂泊，思归不得的幽怨之情。深秋本就容易使人感到凄清，加以思乡之苦，心情自然更加凄凉。“犹”“更”两词，一写主观错觉，一写内心实感，都是加重描写乡愁。

时当深秋，篱外丛菊盛开，金色的花瓣光彩夺目，使她不禁想起晋代诗人陶潜“采菊东篱下，悠然见南山”的诗句，于是自我宽解起来：归家既是空想，何不举杯痛饮，不要辜负这菊花盛开的大好景色！

词的下片是对上片醉酒的说明：本来是以酒浇愁，却故作达观之想；而这份达观却又隐含着无限乡愁。这首词是词人在故国沦丧之后所作，词人思念故土的愁闷与流离失所的悲苦在词中表达得淋漓尽致。

南渡衣冠少王导

李清照看到野草离离，恍然忆起那一年被带往漠北的北宋皇帝和深宫的女子们。江南尚且如此寒冷，遥遥漠北又是怎样一番景象？于是，不禁说道："南来尚怯吴江冷，北狩应悲易水寒。"料峭寒冬，北人南来，尚嫌这江南太冷；那像牛羊一样被驱赶到漠北的徽宗、钦宗和两千嫔妃宫女，又当如何呢？

朝堂上的政治争夺战打得火热，朝堂外的百姓却居无定所，家破人亡。月寒如水，万户萧索，她闭上眼，脑海中浮现出了济南城清澈的泉水，汴京城大块大块的火烧云，青州城水墨画一般错落有致的建筑，莱州城虚无缥缈的蓬莱传说……每一处的景致都让她眷念，可是有生之年可能再也回不去了。

登上新亭的李清照不禁想起"新亭对泣"故事中的王导，于是吟道："南渡衣冠少王导，北来消息欠刘琨。"刘义庆在《世说新语·言语》当中有这样的记载："过江诸人，每至美日，辄相邀新亭，藉卉饮宴。周侯中坐而叹曰：‘风景不殊，正自有山河之异！’皆相视流泪。唯王丞相愀然亮色曰：‘当共戮力王室，克复神州，何至作楚囚相对！’”渡江南来的士大夫们，每到风和日丽的日子便会相邀到新亭赏花饮酒。一日，席中有人感叹道：“风景不殊，正自有山河之异。”正是物是人非，风景依旧而山河破碎，众人闻听皆相视流泪。只有王导拍案而起，严肃地说道：“应当共同合力效忠朝廷，最终光复国家，怎么可以相对哭泣如同亡国奴！”

李清照以刘琨、王导两人入诗，显然是借古讽今，感叹本朝缺少有志之士，不能慨然做北伐之举。

这几句是李清照的残诗，只因“缘事而发”，矛头直指懦弱无能的当权者，用典精准、老辣又有力度，道出了南渡民众的殷殷期望，而被宋人笔记收录。诗中毫无隐晦的表达，正是李清照个性与胆识令人钦敬之处。

第六章

慷慨悲歌忧家国

人老建康城

柳生新绿，梅萼绽裂，这些细节告知她春天来临了。朝廷南迁已有三年，元宵佳节将至，李清照内心却充满了愁绪。

> 庭院深深深几许？云窗雾阁常扃。柳梢梅萼渐分明。春归秣陵树，人老建康城。
>
> 感月吟风多少事？如今老去无成。谁怜憔悴更凋零。试灯无意思，踏雪没心情。
>
> ——李清照《临江仙》

南渡以后，李清照的词风开始变得更苍凉更沉郁。这首《临江仙》是李清照南渡后的第一首能准确编年的词作。当时国破家亡，奸人当道。李清照弱质女子，既不能横刀立马，也不能面圣谏言，心中愁苦，只能诉诸笔端。

“庭院深深深几许？云窗雾阁常扃”，首句与欧阳修《蝶恋花》词一样，连用三个“深”字，不明言愁苦而使人更难为怀。楼阁四周云雾缭绕，门窗常常紧闭，居住在庭院里的人，仿若困在牢笼里不可摆脱。云雾缭绕是自然状况，而门窗“常扃”，则是词人自己的选择。这表明词人把自己关在阁中，不愿步出门外，甚至不愿看见外面的景色。

“柳梢梅萼渐分明”，柳梢吐绿，梅萼泛青，大地开始复苏。李清照对大自然的细微变化，有着极其敏锐的洞察力。早期作品中“雪里已知春信至”“春到长门春草青，江梅些子破，未开匀”都表现了喜春之情，可如今却变得不想看见春光。这是为什么呢？“春归秣陵树，人老建康城”给出了词人感情变化的原因——春已到来而我无家可归，看来要客死在这建康城了。

“感月吟风多少事？如今老去无成”，词人努力回避悲苦的现实，自然会忆起以前的幸福时光，于是今昔对比之下萌生出很多感想。那时候，两人一起钻研金石，共同烹茗煮酒，写出过不少诗词。可如今年老飘零，物是人非。至此，词人情绪极为激动，不禁呼出：“谁怜憔悴更凋零！”破碎山河无人收拾，词人在战乱之下流落江南。一个“更”字，道出了词人的心境一天比一天悲凄。

“试灯”是宋人元宵节前的盛事。词人在《永遇乐》中曾回忆当年：“中州盛日，闺门多暇，记得偏重三五。铺翠冠儿，捻金雪柳，簇带争济楚。”“踏雪”，宋周辉《清波杂志》卷八载：“顷见易安族人言，明诚在建康日，易安每值天大雪，即顶笠披蓑，循城远览以寻诗，得句必邀其夫赓和，明诚每苦之也。”这两件事，在空间上，从北（汴京）到南（建康）；在时间上，从词人青年时期到中年时期。曾经，她对这两件事都很感兴趣，可如今却认为“无意思”“没心情”，与上片的怕见春光遥相呼应，进一步表露了词人对一切都感到心灰意冷。下片以对往昔生活的追怀、眷恋与如今飘零异地、悲凄伤感相对比，写出一位年老憔悴、神情倦怠的女词人形象。

虽然眼下已经到了元宵之前张灯预赏的时间，词人却没有心情欣赏花灯。看着窗外的雪景，心境更是格外灰颓，这种有生之年似乎再无回归故土的可能，其悲苦的程度，远远超过南渡之前的所有离愁别恨。

故乡何处是

暖洋洋的阳光洒在身上，和煦的春风吹拂着万物，人们开始穿上单衣。目之所见一片春色，让人不禁心情大好。

> 风柔日薄春犹早，夹衫乍著心情好。睡起觉微寒，梅花鬓上残。
>
> 故乡何处是？忘了除非醉。沉水卧时烧，香消酒未消。
>
> ——李清照《菩萨蛮》

“风柔日薄春犹早”，春天刚到，虽然阳光还较微弱，但风已变得柔和，换上夹衫的词人也有了“心情好”的时候。“睡起觉微寒，梅花鬓上残”，词人刚刚起来依然能感到几丝早春的寒意，不禁联想起昨夜饮酒赏梅，鬓上的“梅花”因入睡揉搓而显得残败。词人通过“微寒”之感和残败的“梅花”意象，巧妙地透露出她心灵深处的某种不如人意但又难言的惆怅之感。

“故乡何处是”不仅说明故乡邈远难归，而且还隐含着“望乡”的动作，这也是萦绕于词人心头最根本的痛苦，昨夜的饮酒赏梅都是为了这一点。“忘了除非醉”，平白如话却表达出词人极为悲痛的心情。借酒浇愁，说明只有酒醉之时才能把故乡忘却，清醒时则无时无刻不思念故乡。“忘”正好表明不能忘，这里正话反说把思乡之情表现得更加强烈。词人之所以会有“忘”的念头和举动，不仅是为了暂时摆脱思乡之苦，还同回乡无望有关：如果回归有期，那就存有希望，不会想把它忘掉；只有回乡无望，念之徒增痛苦，才会觉得不如忘却。真是不敢想却又不能不想，想忘偏又记起。“沉水卧时烧，香消酒未消”，睡卧时所烧的熏香已经燃尽，香气已经消散，而词人的酒还未醒，可见醉得极深。

一觉醒来略感微寒，抬头看见梅花残于鬓发之上，本来一心愉悦，到底还是被催损零落。故乡虽在而河山易主，欲归不能。李清照的故国之思、忧国之心在这首词中表现得极为明显。细心的读者甚至可以透过词人深闺中的袅袅香雾、沉沉酒杯、昏昏醉意，窥见那颗与民族共存亡的崇高心灵。

春意看花难

北归的大雁早已在空中失去了踪影，只剩下残落的云彩。安静的城中，雪花安静地飘落，冬末的江宁城呈现出一派祥和景象。

> 归鸿声断残云碧，背窗雪落炉烟直。烛底凤钗明，钗头人胜轻。
>
> 角声催晓漏，曙色回牛斗。春意看花难，西风留旧寒。
>
> ——李清照《菩萨蛮》

望归鸿而思故里，见碧云而起乡愁，几乎成了唐诗与宋词的一条共同规律。然而，随着词人处境、心情的不同，也会写出不同的特色。“归鸿声断”是写听觉，“残云碧”是写视觉，短短一句以声音与色彩渲染了一个凄清冷落的环境气氛。那嘹亮的雁声渐渐消失，词人想寻觅它的踪影，可天空中只剩几朵碧云，词人只能孤独地回到房中，再度煎熬长夜的寂寞无聊时光。

窗外，已经是落雪纷纷，寒意逼人；室内，闺妇还在红烛下精心打扮，插戴上“凤钗”“人胜”等首饰。睡觉之前理应卸妆，词人却反其道而行，其用意或是为了消磨时光，抑或是期待着丈夫忽然归来。从“角声催晓漏”到“曙色回牛斗”，词人无疑是敏感的，她不仅听到了周围的声响，还看到了光线的变化，由此可以想象，昨夜必定又是一个不眠之夜。

“春意看花难，西风留旧寒”，漫长不眠之夜已经过去，新的一天到来，心情却没有变化。室外已然有了春的气息，百花却迟迟未绽放，这让词人更是无心游览。而百花未绽放的原因，竟是“西风留旧寒”的缘故。

星光可以洒满肩头，落雪可以洁净世界，可童年仰望星空时的神秘感以及亲人相伴的幸福感都已经追不回来了。对于李清照来说，回忆就像洋葱一般，一层层剥离，令人泪流不止，可剥到最后却发现什么都没有。如影随形的乡愁甩不脱、丢不掉，总是牵扯着她的魂。“将去未去，欲归难归”，寓居在江宁府的深宅大院里，尽管空气中已经出现了春的气息，报春的梅花也已经悄悄开放，出门看花恐怕还会受到料峭春寒的威胁。在这光景中，往昔的时光就像旧胶片一样在词人的脑海播放，一帧一帧都是幸福和安谧。

安用区区纪文字

人到中年的李清照更是想念故土，怀念亲人。她还记得十七岁那年的夏天，父亲李格非带回来了张耒作《读中兴颂碑》一诗，诗中写道：

玉环妖血无人扫，渔阳马厌长安草。
潼关战骨高于山，万里君王蜀中老。
金戈铁马从西来，郭公凛凛英雄才。
举旗为风偃为雨，洒扫九庙无尘埃。
元功高名谁与纪，风雅不继骚人死。
水部胸中星斗文，太师笔下龙蛇字。
天遣二子传将来，高山十丈磨苍崖。
谁持此碑入我室？使我一见昏眸开。
百年兴废增感慨，当时数子今安在？

君不见，荒凉浯水弃不收，时有游人打碑卖。

张耒的这首诗简述了平定“安史之乱”的史实，展示了中兴碑雄奇瑰玮的特色，赞颂了中兴功臣们为护国安民而鏖战沙场的崇高精神。父亲李格非拿着张耒的这首诗连连夸赞，年纪尚小的李清照也来了兴致，于是就此题材作出《浯溪中兴颂诗和张文潜二首》。其一这样写道：

五十年功如电扫，华清花柳咸阳草。
五坊供奉斗鸡儿，酒肉堆中不知老。
胡兵忽自天上来，逆胡亦是奸雄才。
勤政楼前走胡马，珠翠踏尽香尘埃。
何为出战辄披靡？传置荔枝多马死，
尧功舜德本如天，安用区区纪文字。
著碑铭德真陋哉，乃令鬼神磨山崖。
子仪光弼不自猜，天心悔祸人心开。
夏商有鉴当深戒，简策汗青今具在。
君不见，当时张说最多机，虽生已被姚崇卖。

李清照的诗深刻分析了唐朝之所以会发生“安史之乱”和唐王朝军队一败涂地的原因。诗中不仅将腐化昏聩的唐明皇和诸般谄媚误国的佞臣一同做了鞭挞，还道明了皇帝对郭子仪等大臣的猜疑，使得君臣同心同德的局面不复存在。年幼的李清照用借古喻今的方式，对当权者给予了劝诫。

可惜，正如前文所言，世人只注意到了她的文采，并未警惕她在文章中指出的那些问题，北宋终究亡了！

人到中年的李清照再也回不到故土，她只能随着赵明诚在这乱世之中漂泊，真是“山河破碎风飘絮，身世浮沉雨打萍”。

赵明诚临阵脱逃

赵明诚出任江宁知府期间发生了一件既是国耻又为家羞的事。金人大举南下，江宁成为大宋要塞。赵明诚官居要职，自是要有所担当。一日，率领京都部队驻扎在江宁的御营统制官王亦，打算夜间率领驻扎在建康的京都军队叛乱。

江东转运副使李谟得悉王亦这一意图以后，立即将此事告知了江宁知府赵明诚。事有奇巧，恰逢此时赵明诚接到了赴任湖州知州的调令，这就意味着此刻的赵明诚已经不是江宁知府的身份，江宁城的大小事宜也不再隶属他管。可是，这并不表示作为官员的赵明诚可以不闻不问。

然而，赵明诚得知这一消息后，并未放在心上，还借机充耳不闻，摆出事不关己的姿态。李谟只得自己采取措施，应对王亦等人的叛乱。当夜，王亦果然率人在城中纵火，鼓噪起兵。李谟竭力阻拦，最终逼得王亦等人只好砍开南门逃离。

天明时分，叛乱才得以平息。李谟去找寻赵明诚汇报情况，却遍寻不到，原来，赵明诚在昨夜已与通判、观察推官等人利用绳子从城墙逃跑了。而这也成为赵明诚一生中最为耻辱的一笔。

他的父亲赵挺之当年遇到类似的事情时是多么英勇，他居然没有父亲的半点风范！哲宗即位之初给兵士赏赐了缗钱，但贪婪的德州郡守不肯发放，致使兵变。骚乱士兵冲进郡守府，郡守和其他官员纷纷逃命，只有赵挺之端坐堂上恪尽职守。那时的赵挺之虽然只是一个小小的德州通判，可他临危不乱，没有忘记自己的职责，镇静地问明兵变原因后，安抚士兵，当即发放赏钱，并以凌厉手段惩办为首作乱者，成功地平息了这场兵变。

或许历经岁月的磨难，赵明诚年轻时的锐气已不复，只想得过且过；又或许是他收到消息却并未认真对待，导致发生祸乱后他做出这样令人不齿的行为。总之，与赵挺之当年相比，赵明诚在吏治方面的才能实在平庸，完全不足以独当一面。虽然他是一个成功的金石学家，但绝不是一个好的官员，更没有能力力挽狂澜救民于水火！可是，他的妻子李清照是有英雄情结的。

面对丈夫的弃城而逃，李清照在震惊无比的同时也对赵明诚失望无比！身为地方长官的赵明诚不身先士卒指挥戡乱，反而偷偷用绳子缒城逃走。这是多么耻辱的事！本以为，夫君风流倜傥，铁骨铮铮；本以为，夫君满腔热血，胸怀韬略。没想到，他竟如此懦弱。难道两人的路真的走到尽头了吗？

生当作人杰

建炎三年（1129年）三月，赵明诚被撤职。李清照遂和赵明诚带着全部家当，沿长江乘舟西上，打算到江西赣水之滨定居。一路上，两人难免有点别扭。

“具舟上芜湖，入姑熟，将卜居赣水上”（《金石录后序》）。当舟行至乌江镇时，李清照得知这就是当年项羽兵败自刎之处，不觉心潮起伏。于是，有着英雄情结的李清照，在孱弱而颓废的南宋时代发出了如此强音：

> 生当作人杰，死亦为鬼雄。
> 至今思项羽，不肯过江东。

“生当作人杰，死亦为鬼雄”，这不是几个字的精致组合，不是几个词的巧妙润色；是一种精髓的凝练，是一种气魄的承载，是一种所向无惧的人生姿态。那种凛然风骨，充斥天地之间，令鬼神听后都会陡然变色。“至今思项羽，不肯过江东”，诗人追思那个叫项羽的楚霸枭雄，对项羽的精神和气节由衷地敬仰，以项羽来对照南宋朝廷里当权者的苟且偷安。在楚汉之争中失败的项羽，逃到乌江边，本可以乘船渡过乌江，但是他觉得自己没有脸面回去见江东父老，于是悲壮地拔剑自刎。“不肯”，不是“不能”，不是“不想”，不是“不愿”，不是“不去”。一个“不肯”笔来神韵，一种“可杀不可辱”“死不惧而辱不受”的英雄豪气，漫染纸面，力透纸背，令人叫绝称奇！

这首诗起调高亢，鲜明地提出了作者的人生价值取向：人活着就要做人中豪杰，为国家建功立业；死也要死得其所，成为鬼中之雄。此时的李清照是希望南宋朝廷能有所作为，将士们无论生死，都能够像项羽一样做顶天立地的男子汉。事实上，南宋统治者不管百姓死活，只顾自己逃命；抛弃中原河山，苟且偷生。诗人以项羽这一英雄人物来鞭挞南宋当权派的无耻行径，借古讽今，正气凛然。全诗仅二十个字，连用了三个典故，但毫无堆砌之弊，因为这都是诗人的心声。如此慷慨雄健、掷地有声的诗篇，出自女性之手，其见识远远超出世上众多男子。

赵明诚在她身后听着这一字一句的金石之声，面有愧色。

李清照初随丈夫南下，不为其他，只为昔年的相敬相爱。她曾想，此一生只要与他相随，即便半世飘零，她亦不悔。不曾想如今，万里河山被异族践踏之际，他却躲在了马蹄风声之后，弃城内千千万万生命于不顾。她爱赵明诚，可是她要的不是乱世风烟里的情爱厮守，更不是个人的苟安。自国破家亡，他便不只是她的夫，更是保大宋一方平安的父母官，即便他没有能力匡扶社稷，起码也要护一方百姓安好。

就是这样一个看似伤春悲秋，看似闺怨闲愁的羸弱女子，却胸怀一腔“虽处忧患穷困而志不屈”的凌云情怀，发出了“生当作人杰，死亦为鬼雄”的呐喊！

第七章

天人两隔　悲痛欲绝

东山再起 意气风发

很多人对于赵明诚屏居乡里之后的出仕时间及事迹比较模糊，故笔者整理如下：

宋高宗建炎二年（1128年）八月，赵明诚出任江宁知府。

宋高宗建炎三年（1129年）三月，赵明诚因“缒城宵遁”事件被罢守江宁。

宋高宗建炎三年（1129年）五月，因国难当头，朝廷急需用人，赵明诚被重新启用任命为湖州知州。赵明诚为洗前耻，急于赴任，不顾炎夏酷暑，连日纵马赶往建康面圣。

宋高宗建炎三年（1129年）八月，劳顿交加之下，赵明诚染上疟疾，病逝于建康。这一年，赵明诚四十九岁，李清照四十六岁。至此，李清照与赵明诚千古称羡的情爱佳话以赵明诚之死告终。

李清照在《金石录后序》里说，出知建康第二年春，建炎三年（1129年）五月，她和赵明诚乘舟上芜湖，走到池阳（今安徽池州）接到圣旨，赵明诚被召回京复职。

意外获得朝廷宽宥的赵明诚喜出望外，当即就计划返回建康。或许是被免官的日子备受冷落，或许是因为缒城而逃让他一直在李清照面前抬不起头来，平日书生气十足的赵明诚，竟一下子像将军般雷厉风行起来。他迫切地希望自己这次能够一雪前耻，做出一番撼天动地的事业。

那时，高宗临时驻跸建康，新官上任前要有例行召对。赵明诚在池阳匆匆安置好，就要独自前去面圣。

六月十三日，赵明诚远行，李清照这样描述送行的画面："始负担舍舟坐岸上，葛衣岸巾，精神如虎，目光烂烂射人，望舟中告别。"

李清照眼里的他，依稀还是多年前那俊雅的"茂陵少年白面郎"。皇帝对赵明诚的重新任职，在赵明诚看来无疑是一种信任，他觉得自己终于有了一雪前耻的机会，当然会满腹豪情。内心满怀希望，眼睛也变得格外有神，因此他看向李清照的眼睛异常明亮，让她不禁想起《世说新语》里的一句话："目烂烂如岩下电。"他，依然是她心仪的那个人，岁月似乎不曾改变什么，懦弱、胆怯、自私等在这一刻似乎都消失了。看到这个样子的赵明诚，李清照又是欢喜，又是伤感。

随从牵马过来，他一跃而上。四目相对，赵明诚冲她用力地挥挥手。她突然有无数话想对赵明诚说，可是一时之间又不知道说什么，最后只匆匆问了一句："如果城中情况紧急，我该怎么办？"（如传闻城中缓急，奈何？）

她清楚地记得，他是"戟手遥应"——王仲闻先生说此乃以手叉腰如戟，王水照则注曰：竖起食指和中指来指人，形如古代兵器中的戟。后者似乎更妥帖。

赵明诚潇洒地戟手遥遥而应，声音洪亮地回答："随大流吧，别人怎么办，你就怎么办。你就算再嫁他人，也是可以的。只是，你记得，到了万不得已的时候，就先舍弃行李辎重，把那些笼箱包裹丢掉；其次可以把被褥衣物丢掉；实在没办法的话，可以丢弃那些书画卷轴；最后是那些金石古器之类。唯有宗庙礼器，你必须随身携带，与之共存亡。千万别忘了！"（赵明诚遥应："从众。必不得已，先弃辎重，次衣被，次书册卷轴，次古器。独所谓宗器者，可自负抱，与身俱存亡，勿忘之！"）赵明诚说完，就骑马绝尘而去。她咬了咬牙，抑制住恸哭的冲动。虽然她并不知道，这一分离竟成了永诀，而这句叮咛也成了遗言。

宇文所安对赵明诚这句话做了冷静的剖析，他认为赵明诚的收藏趣味在这时已经发生了变化。这十五车藏品因为价值而成了它们主人的主人，在危急的时刻赵明诚清楚排出不得已时丢弃的顺序，李清照本人在其中也有位置，那就是——与宗器共存亡。在她充满爱意赞赏地看着他时，他却说出这么一番话，希望李清照能像他愿意为宗器牺牲那样，随时准备为他的宗器而献出生命。“为自己选择这样一种死法，同要求别人为了几件铜器去死，是截然不同的两件事。”宇文所安说。

宇文所安的分析固然有理，然而过于无情。在那样的乱世，人如蝼蚁，命如草芥，手里握住一点实在的东西时才能安心。李清照和赵明诚心意相通，他的回答也算给了她一个定心丸。事实上，一舍再舍，真的到了一切都要舍弃的时候，可能也就是山穷水尽的时候，她怎么可能安然脱身呢？赵明诚仆妇侍妾众多，他却把一切托付给李清照一人，这也无形中传达了一个信息给她：我和你是一体的，你的选择就是我的选择，我们共同收集的这些金石文物陪着你，一如我在你身边。若真的是因为看重那些藏品，而要求妻子为此做出牺牲，那么他临终前又怎么会对藏品毫无交代？

浓香吹尽有谁知

庭院深深，春日迟迟。词人难得安稳入眠，却猛然想起隆冬的某日清晓，在枝头看到的那一点淡粉，就是这点淡粉给了她无以言说的温暖。很多年过去了，不知那梅花如今是否也像自己这般憔悴。

庭院深深深几许？云窗雾阁春迟。为谁憔悴损芳姿？夜来清梦好，应是发南枝。

玉瘦檀轻无限恨，南楼羌管休吹。浓香吹尽有谁知？暖风迟日也，别到杏花肥。

——李清照《临江仙·梅》

词人躲在“深深深几许”的宅院里，躲在云雾缭绕的窗阁后，躲避外界因春天的到来而变得渐渐繁华的世界。躲避的结果是与外界隔绝，心情恶劣地埋怨“春迟”。既然现实中只有“春迟”与“憔悴损”，词人只能寄希望于梦境，于是自然就有了“夜来清梦好”。

“春迟”二字语义双关，乍看起来仿佛是词人慨叹春光姗姗来迟。然而，这仅是表面的理解。其实，烂漫的春光是不会遗弃这锦屏府第的，这个“迟”字所反映的意蕴中不只是客观的景物，而是一种主观的感情。词人是借春光不到的艺术构思来表现春闺思妇的低落心绪。它同“羌笛何须怨杨柳，春风不度玉门关”“玉颜不及寒鸦色，犹带昭阳日影来”等使用了同样的写作手法。“为谁憔悴损芳姿？”以跌宕的笔触，补足上文，指出了使闺中人赏春无绪、芳姿悴损的，正是对远方之人的思念！几经铺垫，到此才将题旨揭出来。

李清照把梅花同“清梦”联系起来，因好梦而溯及梅花，又以“应是”加以推测，令人回味不尽。可事实上，此时的词人是无心赏识这灿烂绽放的梅花，只能任这人好春光在身边悄悄流逝，这也显示出词人南渡之后不断漂泊所生出的悲凉和憔悴。

远离故土，丈夫赵明诚又已离开自己前去赴任，如今只有金石器皿陪着自己。于是，李清照不想看到梅花，因为看到它自然就会想到汴京那棵江梅树，也自然会想起在那个院落里初见赵明诚时“和羞走”的场景。岁月无情，世事变迁，看到梅花只会让她多生伤感。可是，躲在屋里不看梅花就能不想那些事吗?

不能！屋内摆放的二人一起收集的这些金石器皿，无一不在提醒着她二人曾经相依相伴的那段日子。

十五年前花月底，相从曾赋赏花诗。

今看花月浑相似，安得情怀似旧时？

——李清照《偶成》

当年，两人携手赏花赋诗，如今“花月相似”，景物依旧，却已然物是人非，诗人自然就没有了“旧时”的情怀。“安得情怀似旧时”是诗人的自我追问，其间有刻骨铭心的痛苦，却不足与外人道，也无法用语言来悉数描述。

诗歌通过今昔对比来抒发内心的悲苦和失落，欧阳修的《生查子》曾这样写：“今年元月时，花与灯依旧。不见去年人，泪湿春衫袖。”李清照的这首诗同样也运用了今昔对比的写作手法，以此来抒发内心的悲苦。

尚未出师身先死

升至湖州知府的赵明诚本打算做出一番事业来一雪前耻，然而在赴任的途中，冒暑奔驰的赵明诚因水土不服、气候不适，病倒在建康。

真是病来如山倒。七月末，书童赶回报信说赵明诚中暑了。李清照了解赵明诚一向性子急，必然为求早些痊愈，会服用寒性中药，而如此一来定伤及身体。她又惊又怕，忧心如焚，于是急急放舟东下，昼夜兼程地赶路。可纵然一夜驶过三百里水路，也依然无法与命运抗衡。

李清照还是来晚了——赵明诚已经无法进食了！诚如李清照料想的那样，赵明诚急于退烧，服用大量柴胡、黄芩等性寒之药。

可是，这些药物非但没有令赵明诚的病情好转，反而带来了痢疾！疟疾加上痢疾，仅十天光景，原本高大健硕的赵明诚就病入膏肓，竟于八月十八日死于建康。

李清照在《金石录后序》中这样记载这件事："七月末，书报卧病。余惊怛，念侯性素急，奈何病痁？或热，必服寒药，疾可忧。遂解舟下，一日夜行三百里。比至，果大服柴胡、黄芩药，疟且痢，病危在膏肓。余悲泣，仓皇不忍问后事。八月十八日，遂不起，取笔作诗，绝笔而终，殊无分香卖履之意。"

建炎三年，陪李清照走过二十八年人生路的赵明诚病逝于建康。这一年，赵明诚四十九岁，李清照四十六岁。

此后，李清照只能独自在这兵荒马乱的世上生活，独自守着赵明诚留给她的金石器皿睹物思人，独自带着这些文物流浪再流浪。没有了赵明诚的陪伴，没有了青州的老宅，没有了当初的一切，李清照这时真正体会到了"国破家亡"的滋味！

仓皇不忍问后事

李清照在《金石录后序》记载："余悲泣，仓皇不忍问后事。八月十八日，遂不起，取笔作诗，绝笔而终，殊无分香卖履之意。"

有时候，一个相抵着支撑下去的背，一双紧握着传递力量的手，可以给人活下去的希望。可是，李清照在八月十八这天永远地失去了这些。眼前的人再也不会给她关怀，再也不会给她力量。二十八年的婚姻就这样走到了尽头，以前曾爱他温柔，曾怨他无情，曾恨他懦弱，如今爱也好恨也罢都该放下了。从此，两人天人相隔永无相见的可能，他再也感受不到自己对他的爱恨情痴。

弥留之际，赵明诚曾试图为李清照留下最后的只言片语。于是，他要来笔墨打算写诗，可是已奄奄一息的他连说话的力气都没有，又怎能写东西?

最终，年仅四十九岁的赵明诚还是带着遗憾溘然长逝，丢下了痛苦不已的李清照。

没有人知道赵明诚弃城而去之后，内心堆积了多少的自责与悔恨；也没有人知道他忧愤而死时，内心又堆积了多少不甘和无奈。

曾经，才子佳人的结合羡煞旁人：他是吏部侍郎的公子，她是礼部员外郎的小姐；他好金石器皿，她好锦绣文章，两人情投意合佳偶天成。

如今，两人相依相伴走过了二十八年，可赵明诚却走了，抛下了满腔抱负，抛下了最爱的金石器皿，也抛下了陪了他二十八载的李清照。

坚城自堕 杞妇悲深

赵明诚去世后，李清照为赵明诚写了一篇名叫《祭赵湖州文》的祭文，全文如今已经散佚失传，只剩二句，曰："白日正中，叹庞翁之机捷；坚城自堕，怜杞妇之悲深。"虽为残句，却对偶精练、用典工巧。

前两句典出宋释道原《景德传灯录》。庞翁是襄州一个得道居士，名庞蕴，他即将圆寂的时候，令女儿灵照观看时间，等到正午再来报。不久，灵照来报说：日已中天，但有日蚀。于是庞蕴出门去查看，灵照即刻登上父亲之座，合掌坐亡。庞蕴回屋见状，夸奖女儿快捷，遂把日期更延，七日后才圆寂。李清照借助这个典故，表达了一种沉恸。慨叹赵明诚机敏若灵照，懂得走于自己的前面，抛下她孤独地在这荒凉人世生活。

李清照与赵明诚相依相伴多年，他们志趣相投情比金坚，虽然李清照对赵明诚弃城而逃之事感到失望，但毕竟是自己深爱多年之人，他的离世怎不让其心痛？更何况，他们年近五十却膝下无儿无女，又身处这样一个兵荒马乱的时代，可以说赵明诚是李清照唯一的依靠。

她说：坚城自堕，杞妇悲深。古有杞梁战亡，其妻枕尸而哭，哀痛动天，城为之崩。“坚城自堕”说的是春秋时齐国攻打莒国，齐国大夫杞梁战死，其夫人听说之后痛哭不止，使闻者悲伤。后来听说因其哭声哀绝，莒城因此崩塌。这就是“孟姜女哭倒长城”之典故的雏形。李清照是赵明诚的夫人，正如杞梁夫人与杞梁的关系。在她眼中，赵明诚之于宋，犹如杞梁之于齐，都是国之栋梁。李清照引用此典意在表明，赵明诚病故，自己内心的哀恸绝对不会比杞梁夫人少。她对赵明诚所有的爱都聚到这“杞妇之悲深”当中。

《古今注·音乐》中说，杞妇长哭，叹的是：“上则无父，中则无夫，下则无子，生人之苦至矣。”而李清照用此典，也正是叙说自己此时的处境：无父，无夫，无子。父亲早就去世了，娘家的至亲只剩一个在朝廷里做敕局删定官的弟弟，这个弟弟还随着高宗逃难去了；赵家那边，赵明诚的两个兄弟赵存诚与赵思诚，远在泉州和广州为官。举目四望，眼前竟没有一个亲人！前方战报频频，金人加速南侵，战火不知何时便会烧到眼前，天下之大何处可容她栖身？

人间天上 没个人堪寄

安葬赵明诚之后，李清照大病了一场，医治了很久才康复。虽然身体康复了，可是她内心的愁苦始终没有得到排解。她哀怨而失神的目光投射在床头一卷卷书册上，强打起精神继续整理有关金石彝器考证的文章，以此来纪念他们夫妇携手二十八年的那段感情。

藤床纸帐朝眠起。说不尽、无佳思。沉香断续玉炉寒，伴我情怀如水。笛声三弄，梅心惊破，多少春情意？

小风疏雨萧萧地，又催下、千行泪。吹箫人去玉楼空，肠断与谁同倚？一枝折得，人间天上，没个人堪寄。

——李清照《孤雁儿》

“藤床纸帐朝眠起，说不尽，无佳思。”开门见山，倾诉寡居之苦。藤制床和梅花纸帐还在，赵明诚却不见了。早上缓缓地从藤床里坐起，顿了顿，才发觉身旁再无人伸手替自己将纸帐掀开。这一起坐一停顿尽是思念与追忆。“沉香断续玉炉寒”，使人想起词人《醉花阴》中的“瑞脑消金兽”。然而，此处的“寒”，更突出了环境的凄冷与内心的痛苦。“伴我情怀如水”一句，把悲苦之情变成具体可感的形象。

“笛声三弄，梅心惊破，多少春情意。”以汉代横吹曲中的《梅花洛》照应咏梅的命题，让人联想到好像一声笛曲，催绽万树梅花，带来春天的消息。闻笛怀人，因梅思春，李清照的词中不止一次这样用过。这是一歇拍，词从这一句开始自然地过渡到下片，上片主要写凄冷孤苦，下片则着重写对赵明诚的思念。

“小风”二字，将外境与内境融为一体。门外细雨潇潇，下个不停；门内伊人枯坐，泪下千行。以雨催泪，以雨衬泪，但为什么“无佳思”，为什么“情怀如水”和泪下千行，却没有言明。直至“吹箫人去玉楼空，肠断与谁同倚”，才点明怀念丈夫的主旨。“吹箫人去”用的是秦穆公女弄玉与其夫箫史的典故。这里的“吹箫人”比拟赵明诚。赵明诚既逝，人去楼空，纵有梅花好景，又有谁与她倚阑同赏呢？陆凯当年思念长安的友人范晔，曾折下梅花赋诗以赠。可是词人今天折下梅花，找遍人间天上，发现没有一人可供寄赠。“人间天上”一语写尽了寻觅的苦楚，引出“没个人堪寄”的怅然若失之伤。

梧桐落 又还寂寞

九月天高，楼阁高耸。李清照踩着木质台阶登上阁楼的最高处，放眼望去，远处那蜿蜒起伏参差错落的群山，以及近处那辽阔平坦的原野，都被一层灰蒙蒙的薄雾笼罩着。

> 临高阁，乱山平野烟光薄。烟光薄，栖鸦归后，暮天闻角。
>
> 断香残酒情怀恶，西风催衬梧桐落。梧桐落，又还秋色，又还寂寞。
>
> ——李清照《忆秦娥·咏桐》

词的开始便创造了一个视野广阔的苍茫世界。起句“临高阁”，点明词人是在高高的楼阁之上凭栏远眺，映入眼帘的是“乱山平野烟光薄”的景象：起伏相叠的群山，平坦广阔的原野，笼罩在一层薄薄的烟雾中。叠句“烟光薄”加强了对荒凉、萧瑟景色的渲染，更加引发了词人悲秋的情感。

“栖鸦归后，暮天闻角”，是词人的所见所闻。黄昏归来的“栖鸦”和那一声声回荡在天际的凄凉哀鸣，越发叫词人不堪忍受。不远处又隐隐传来了阵阵报时的号角声，这也就意味着词人又将迎来漫漫长夜，不免生出无限悲凉。不难看出，这景物的描写中，融注着词人当时流离失所，无限忧伤的感受。

“断香残酒情怀恶”，室内熏炉里的香料已经烧尽，却没有心思续添；酒杯里的酒即将饮完，愁绪依然未减。“断香残酒”四字，暗示出词人已经消磨了一段漫长的时间，然而，词人心情的恶劣和内心的寂寞，却依然未能得到排解。“西风催衬梧桐落”，秋风阵阵袭来，梧桐树的叶子随之飘落。颇有“悲哉秋之为气也！萧瑟兮草木摇落而变衰”的悲惨气氛。

“梧桐落，又还秋色，又还寂寞。”风起叶落，又是一年秋来到，看着满目秋色遍野，心里的寂寞凄苦不禁再次被翻搅上来。那在空中翻飞的片片落叶，似乎是在寻找安放的地方，久久不曾落下。词人表面是在写梧桐落叶，实则是在写自己。这里既有国破家亡的伤痛，又有背井离乡的哀愁，那数不尽的辛酸，一下子都涌上了心头。张炎曾在《清平乐》中写：“只有一枝梧叶，不知多少秋声？”这是以小见大的写法，由梧桐叶落，而知天下秋声。刘熙载在《艺概》中也曾写道：“以鸟鸣春，以虫鸣秋，此造物之借端托寓也。绝句之小中见大似之。”词人很想到外面去排遣一下心中的苦闷，但是不能，因为外面是一片令人悲伤的秋色。江山凄肃，花木飘零，不仅不会消愁，反而会更增悲哀。

这首词中没有明显写到自己的情感，却读来处处写情。从登高远眺的悲秋之情，到远处“栖鸦”和号角的凄凉之情，再到“断香残酒”引发的寂寞凄凉，词人每一处的描写，都在表达自己强烈的情感。

南迁再南迁

赵明诚去世了，但李清照的日子还要过下去，因为他们的金石古玩还需要她来保存，他们二人合著的《金石录》还未付梓。于是，孤独的李清照来不及伤心，就要思考文物南迁以及《金石录》的整理和编写。

赵明诚去世后不久，建康城也危在旦夕，朝廷早早将后宫妃嫔遣散到别处，长江即将禁止航渡的传言也四起。李清照只好带着家中两万多卷的书籍、两千余卷的金石拓片，以及十多车的古物继续南迁。

金人即将打来，高宗早就做好了逃跑的打算。传说他命精工巧匠日夜赶制奢华的大船，更准备着如果整个江南都被金人占领，他就乘船永久在海上漂泊。李清照心怀悲愤，可是不得不考虑她和赵明诚数十年的心血。思前想后，她想到了在洪州任兵部侍郎的赵明诚妹婿李擢。

李清照在《金石录后序》中曾这样记载这件事：“念侯有妹婿，

任兵部侍郎，从卫在洪州，遂遣二故吏，先部送行李往投之。冬十二月，金寇陷洪州，遂尽委弃。所谓连舻渡江之书，又散为云烟矣。独余少轻小卷轴书帖、写本李、杜、韩、柳集，《世说》《盐铁论》，汉唐石刻副本数十轴，三代鼎鼐十数事，南唐写本书数箧，偶病中把玩，搬在卧内者，岿然独存。”

本想让妹婿帮忙保存文物，没想到反倒就此失散，只留下了些睹物思人的轻巧物件和具有特殊意义的重器。

玉壶颁金 无妄之灾

赵明诚尸骨未寒之时，发生了“玉壶颁金”一案。有人在高宗面前弹劾赵明城生前将玉壶投献给金人，有通敌之嫌。李清照强行压下悲伤思索应对之法，最后决定将二人保存的文物礼器等物献给朝廷，以证丈夫清白。

关于“玉壶颁金”的事情，李清照在《金石录后序》里有这样一段记载：“先侯疾亟时，有张飞卿学士，携玉壶过，视侯，便携去，其实珉也。不知何人传道，遂妄言有颁金之语，或传亦有密论列者。余大惶怖，不敢言，亦不敢遂已，尽将家中所有铜器等物，欲走外廷投进。”

从李清照的记述中，我们大致了解到，在赵明诚病势已重的时候，有位名为张飞卿的学士，曾拿着一把自认为是玉壶的器皿来探望赵明诚。因赵明诚是金石碑刻的赏鉴专家，所以他拿此物给赵明诚让他帮忙估量一下价值。可是，赵明诚品鉴之后发现，此物并非玉壶，不过是一把珉（珉，即类似玉的石头）壶。也就是说，这是一把寻常的玉石壶，而不是贵重的玉壶。后来，张飞卿便带着这把壶悻悻地离去了。

赵明诚病逝不久，李清照开始听到"玉壶颁金"的传闻。这个谣言越传越开，最后演变成有人私底下筹划着就此事弹劾尸骨未寒的赵明诚。若是皇帝采信，这便是卖国通敌的大罪。

李清照得知消息后气愤不已，此事纯属小人搬弄是非，夫君临死前还想着干出一番事业消除自己缒城而逃的愧疚，又如何会通金?

李清照见不得朝廷有人向夫君泼脏水，于是就想将他们夫妻二人辛辛苦苦保存的文物礼器等献给朝廷，用这种类似自毁的方式证明夫君的清白。那些珍贵的物品，几乎每一件都带着自己和丈夫的记忆，她舍不得任何一件。可是，她更舍不得丈夫去世后还被人污蔑。

然而，就在这时，金兵南下，高宗连忙带着他的宠臣逃跑，根本无暇顾及此事。李清照只好携带少量轻便的书帖典籍，跟着他们的足迹踏上了逃亡之旅。颠沛流离中，金石书画等一些贵重之物散失大半。

辛苦积攒的珍贵文物绝大多数被战火无情吞噬，如今李清照手中已没多少物品，她抚摸着赵明诚书写的那套《金石录》，不禁又想起了他生前的嘱托："必不得已，先弃辎重，次衣被，次书册卷轴，次古器，独所谓宗器者，可自负抱，与身俱存亡，勿忘之。"

第八章

赤胆忠心　一路追寻

颠沛流离 文物遗散

李清照雇船、求人、投亲靠友，带着她和赵明诚一生搜集的书籍文物，苦苦地追逐着国君远去的脚步。她从建康出发，经越州、明州、奉化、宁海、台州，一路追下来，一直漂泊到海上。

李清照如此费尽周折，只是为了证明丈夫的清白，可是这样一个小小的愿望终究没有实现——她始终没能追上高宗。

建炎四年（1130年）春，李清照追随帝踪流徙浙东一带。“到台，台守已遁。之剡，出陆，又弃衣被。走黄岩，雇舟入海，奔行朝，时驻跸章安，从御舟海道之温，又之越。”可她刚赶到越州，却听说皇帝已经转移到了四明（今浙江宁波）。她太累了，已经无法携带那么多的铜器赶路，只好把它们连同一些珍贵书籍的手抄本寄存在浙江一个小县。后来，这里也发生了叛乱，有一个将军将李清照寄存的所有文物私吞了。

留得罗襟前日泪

五更时分的一阵凄风从帘外吹进来，把李清照从梦中惊醒。她醒来后发觉这一晚赵明诚又没有入梦。醒着看不见他，睡梦中也见不到他，看看熟悉的物件，想着当年的甜蜜时光，李清照不禁又淌下泪来。

> 帘外五更风，吹梦无踪。画楼重上与谁同？记得玉钗斜拨火，宝篆成空。
>
> 回首紫金峰，雨润烟浓。一江春浪醉醒中。留得罗襟前日泪，弹与征鸿。
>
> ——李清照《浪淘沙》

“帘外五更风，吹梦无踪。”这两句看似平淡，却最为沉痛。词人五更时分惊醒，帘外的夜风带起一阵寒凉，发现连梦的踪影都无法寻觅。看着一室的清冷，生出无边的寂寞与痛苦。

词人醒后，看着空荡荡的房间不禁追问自己“画楼重上与谁同”。“与谁同”这一问，既说明词人正处于孤独无依的境况中，同时倾吐了对亡夫的思念之情。这种凄苦的滋味，与“吹箫人去玉楼空，肠断与谁同倚”一致，吹箫人去了，玉楼空了，没有人可倚靠了，令人伤心肠断。

“记得玉钗斜拨火”一句，很明显是从“画楼”而忆及的闺中韵事之一。“玉钗斜拨火”正是对那时美好生活的追忆。当年与赵明诚相对而坐，这个动作中有着无限的温馨快乐；今日独自重复这个动作，则只是打发寂寞的时光，再也找不到当初的那份心情了。“宝篆成空”与“记得玉钗斜拨火”连用，分量极重，表达了夫妻未能白头偕老之憾，远胜于当年小别时“香冷金猊”“瑞脑香消”的离愁别恨。

欢乐也好，悲伤也罢，都在词人脑海中留下了不可磨灭的印象。“回首紫金峰”，故乡遥远，往事如烟，词人每思及此，便涕如雨下。“一江春浪醉醒中”是化用李后主《虞美人》那句广为人知的“问君能有几多愁，恰似一江春水向东流”的词意。愁如春浪，融入江水，化作绵绵往事的记忆线索。“一江春浪醉醒中”所蕴含的愁思，不单单是孤苦伶仃之痛，更多的是国家危难局势飘摇之悲。这险恶的现实和不幸的遭遇，好似一场醒犹未醒的噩梦，啃噬着诗人破碎的心灵。

“留得罗襟前日泪，弹与征鸿”，这句措辞有力，悲中带愤。

“留得”一词，与上文“记得”“回首”一气贯通，使全词结构更加缜密。“前日泪”是指国破、夫亡、家散等不幸所积累抛下的痛苦之泪。故乡远隔，亲人永别，千言万语无人诉说，她只得把满腔悲痛凝成的血泪，从湿透了的罗襟上拧下来，对着征鸿用力弹去。“弹与征鸿”，化用鸿雁传书之事，可与朱希真《相见欢》中“试倩悲风吹泪，过扬州”相媲美。

凉生枕簟泪痕滋

时间匆匆流逝，不知不觉间一天又过去了。今晚的天气很好，天上的银河都看得清清楚楚。看着这美好的夜色，李清照不由自主地又想起了与赵明诚秉烛夜游，吟诗作对的美好时光，于是再次湿了眼眶……

天上星河转，人间帘幕垂。凉生枕簟泪痕滋，起解罗衣聊问、夜何其？

翠贴莲蓬小，金销藕叶稀。旧时天气旧时衣，只有情怀不似、旧家时。

——李清照《南歌子》

“天上星河转，人间帘幕垂”，天上银河不断流转，岁月也是匆匆流逝，转眼又到了秋凉生枕的季节。深夜时分，人间家家户户都放下重帘帷幕入睡了，而自己却无法入梦，煎熬着又一个无眠的长夜。“星河转”是写天上的景象，“帘幕垂”是写人间的景色。而“天上、人间”这一对举，就有“人天远隔”的含义，分量顿时沉重起来，似乎其中有沉哀欲诉。词一起笔就先声夺人，直述夫妻死别之悲怆，字面上虽似平静无波，内中则暗流汹涌。

“凉生枕簟泪痕滋，起解罗衣聊问、夜何其？”枕簟生凉，不单是说秋夜天气，也是在说这是一个寂寞冷清的秋夜，以至于泪水沾湿了“枕簟”。所谓“悲从中来，不可断绝”，至此词人不得不起身离开冰凉的簟席，指望着这漫漫长夜能够快点过去。“夜何其”出自《诗经·小雅·庭燎》“夜如何其？夜未央”“夜如何其？夜乡晨”。

“翠贴莲蓬小，金销藕叶稀”，随着季节的变化，景物也是变化无常。室外的“莲蓬”枯小，“藕叶”稀疏，呈现一派萧条。面对这样的“天气”和身上穿的“罗衣”，这些都与赵明诚在词人身边时相似，可是如今在夜深寂寞之际重新看见，不禁想起悠悠往事，感叹人去楼空，物是人非，词人的心境已经发生了变化。

“旧时天气旧时衣”，秋凉天气如旧，金翠罗衣如旧，穿这罗衣的人也是由从前生活过来的旧人，可是人的“情怀”却不似旧时了！这里说“旧时”，并非泛指从前任何时候，而是词人与丈夫在一起的某一特定的时间。那时，也是这样的夜晚，也是这样的天气，而且自己也穿着这件衣服。“旧时衣”，既点明上两句所描写的是衣服，呼应上片的“起解罗衣”，又补出这罗衣“旧时”曾穿。

眼前看到的事物，与昔日有某种相同，这不禁使回忆变得清晰，联想变得具体，同时也使感情变得更为强烈。想当初，夫妻恩爱相处心情是何等欢畅，如今却剩词人一人孤苦伶仃地度日。词人先写“天上星河转”表现天气依旧，接着写“翠贴莲蓬小，金销藕叶稀”表现衣服如故，最后感喟“旧时天气旧时衣。只有情怀不似、旧家时”！词人不直说今日情怀之恶，先用种种事物的不变来衬托“只有情怀”的异变，读后令人不胜哀怜。词尾连续用三个“旧”与三个“时”，使得今昔对比更加强烈，也显示出词人一贯使用叠词的语言风格。

我报路长嗟日暮

国破、家亡、夫死，使李清照生活上和精神上受到了很大的打击。从此，她只身漂泊江南，孤单寂寞地生活，时时处于“路长嗟日暮”的困境。于是，词人就想通过梦游太虚来抒写现实中的内心苦闷，并表露出自我的倔强追求。

天接云涛连晓雾，星河欲转千帆舞。仿佛梦魂归帝所，闻天语，殷勤问我归何处？

我报路长嗟日暮，学诗谩有惊人句。九万里风鹏正举。风休住，蓬舟吹取三山去。

——李清照《渔家傲》

“天接云涛连晓雾，星河欲转千帆舞。”词的开篇就描绘出一幅仙境一般的景色。天空连接着那如波浪一般翻滚的云霞，而云霞又和晨雾连在一起。透过云雾远远望去，银河中波涛汹涌，整条河似乎要翻转过来般。河中许许多多帆船在滚滚的大浪中颠扑，风帆摆动得犹如在银河中起舞一样。词人虽然写的是在梦中幻想的自然景象，但这一幻想无疑是她在人生道路上历尽艰难险阻的潜意识所促成。“仿佛梦魂归帝所”和苏轼《水调歌头》的“我欲乘风归去”之“归”字意义相同。“归何处”句引出“殷勤”二字，写出天帝的好意，引起下片“我报路长嗟日暮”二句的感慨。“路长日暮”出自《离骚》：“欲少留此灵琐兮，日忽忽其将暮。……路漫漫其修远兮，吾将上下而求索。”

“闻天语，殷勤问我归何处。”听着天帝对她说话，殷勤地问她要回到哪里去？李清照南渡以来，一直备受排挤与打击，尝尽了世态炎凉。如今，天帝这么关照她，让她感到十分温暖。词人如此写，无论其主观动机如何，客观上已把天上和人间做了一个鲜明的对照，讥讽了黑暗的现实社会，以及在现实中的迷茫彷徨。

词人借“我报路长嗟日暮，学诗谩有惊人句”表达自己在人生道路上日暮途远，茫然不知所措。这里着一“嗟”字，生动地表现出词人徬徨忧虑的神态。这一句含有两层意思：一是慨叹自己有才而不能为世所用，有怀才不遇之感；二是社会动乱，文章无用。怀才不遇仿佛是中国传统文人的命运，李清照虽为女子，但作为一位生不逢时的杰出文学家，她也有类似的感慨。

“九万里风鹏正举”在大鹏高举翅膀的时刻，词人大喝一声：“风休住，蓬舟吹取三山去！”其气势磅礴，一往无前，堪称大手笔。“蓬舟”指轻如蓬草的小舟；“三山”，指渤海中蓬莱、方丈、瀛洲三座仙山，相传为仙人所居。词人翻旧典出新意，敢借鹏抟九天的风力吹到三山，胆气之豪，境界之高，词中罕见。

学者们认为李清照在这首词里吸取了《离骚》当中“上下求索”和李白“梦游天姥”的浪漫主义精神，其实，李清照写这首词，借梦中的天帝来展现自己自强不息的个性，也是抒发了她心中的不凡抱负。

病起萧萧两鬓华

年近半百的李清照，两鬓已经生出华发，体力也大不如前。可是她依然振作精神，卧在床榻上看着残月高挂空中，仿佛这样能让她的心灵得到抚慰。

> 病起萧萧两鬓华，卧看残月上窗纱。豆蔻连梢煎熟水，莫分茶。
>
> 枕上诗书闲处好，门前风景雨来佳。终日向人多酝藉，木犀花。
>
> ——李清照《摊破浣溪沙》

“病起”说明曾经长期卧床不起，“萧萧”是头发花白稀疏的样子。词人由于生病头发白了许多，而且掉了不少。写到这里，词人即刻打住。这个处理极妙，意思似乎是说，头发已经这样何必再去管它，还是料理今后罢。这不仅表现了词人的乐观态度，行文也更简洁。

接着，写了看月与煎药。“卧看”，是因为大病初愈身子乏力，同时也说明词人的心情有了好转。上句写的是衰象，此句却是乐事，这一转变可能是源于词人病愈后的好心情。正是有了这好心情，词人才有了兴致去做一些琐碎的小事。“豆蔻”为植物名，种子有香气，可入药，性辛温，能去寒湿。“熟水”是宋人常用饮料。“分茶”是宋人以沸水冲茶而饮的一种方法，颇为讲究。“莫分茶”即不饮茶，茶性凉，与豆蔻性正相反，故忌之。以豆蔻熟水为饮，含有以药代茶之意，这又与首句呼应。人儿斜卧，缺月初上，室中飘散缕缕清香，一派闲静气氛。

下片写白日消磨时做的事情。观书、读诗、赏景，确实是大病初起的人消磨时光的最好办法。“闲处好”一是说这样看书是因无事才能如此；一是说闲时也只能看点闲书，看时也很随便，消遣而已。对一个成天闲散在家的人说来，偶然下一次雨，那雨中的景致也别有一种情趣。俞平伯在《唐宋词选释》中说这两句“写病后光景恰好。说月又说雨，总非一日的事情”。末句将木犀拟人化，结得隽永有致。“木犀”即桂花，点出时间。本来是自己终日看花，却说花终日“向人”，把木犀写得非常多情，同时也表达了词人对木犀的喜爱。“酝藉”常用来形容学问渊深、胸怀宽博、待人宽厚的人中表率。木犀花小淡黄，不像牡丹那样浓艳媚人，用“酝藉”形容极为传神。

这首《摊破浣溪沙》写的只是家庭锁事和细小的室外景色，但正因如此，才充满了浓郁热情的生活气息。此时李清照四十九岁，赵明诚逝世已经三年。她终于走出了丧偶的阴影，烹茶，读书，观景，赏花，在美好的事物中寻找着乐趣，再次表现出刚毅的性格和旷达的心胸。

这年三月，李清照来到临安。这时，李清照的第二任丈夫——张汝舟出现了。他在最“恰当”的时机出现在了李清照的生命里。错的人在对的时间出现，是无奈，是苦痛，甚至是灾难。

第九章 红颜劫

病势凶猛 牛蚁不分

建炎四年（1130年）冬，高宗给陪伴他一年有余的百官放了个长假，李清照也在这时找到了自己的亲弟弟李远。随后姐弟俩一起赶赴浙江西部的衢州探亲。绍兴元年（1131年）春，李清照又随李远回到高宗暂时驻跸的越州。直到次年三月，她才跟随高宗的御驾回到金兵劫掠后的临安。在这有“三秋桂子，十里荷花”之美誉的地方，朝廷官员复位，科举再行，重新开始了它的统治运作。

重阳时节的临安，湖山秀丽，林泉优美。淡淡的花香，让李清照疲惫的身心暂时得到了放松。

自赵明诚去世以后，李清照就带着那批文物不断漂泊。如今，她回到临安，回到亲人身边，告别了颠沛流离的生活，体会到了久违的安全感。可是，身心在高度紧张之下忽然松懈，身体积攒的病痛就会一下子袭来，于是，李清照就这样病倒了。这场大病比之前赵明诚逝世后“仅存喘息”的那一场，有过之而无不及。

临安城里，虚弱的李清照日日饱受病痛的折磨。她那任敕令所删定官的小弟含着眼泪，天天为她送药尝汤。李清照躺在病床上不停地呻吟，不停地咳嗽，由于极度虚弱，她一度“牛蚁不分”。

这时候出现了一个名叫张汝舟的男子，他自称是崇宁年进士，如今官居右承奉郎、监诸军审计司。张汝舟表示，自己倾慕李清照已久，对于李清照的遭遇深表同情。他还表示，他的结发妻子已经去世，如果李清照和李家不嫌弃，他愿意娶李清照为妻。

由于李迒做着敕令所删定官，几乎所有品级官吏的任命文书都要从他这里通过。他对“张汝舟”这个名字虽然有所耳闻，可是知之不多。他不能理解，张汝舟为什么愿意娶自己这位孤苦伶仃的老姐姐，更不能理解他为什么在她重病在床的时候提出这个要求。

不过，张汝舟的这番话让李迒十分感动，他没有想到在姐姐病重的时候，还有这样一位有情有义的人愿意照顾她。姐姐丧夫已有四年，可是看她的样子，似乎还没有从悲痛中走出来。总这样下去怎么行呢？姐姐膝下无子，如果一味地蹉跎下去难免落得晚景凄凉。如果姐姐能够得到这位张官人的倾心相待，那她就可以享受含饴弄孙之乐了。尽管这位张官人看起来没有去世的姐夫那样儒雅博学，但能对姐姐有如此之心，也算是一个值得相托的人了。

李迒没有多问，就代替李清照答应了张汝舟的求婚。不过他表示，婚事要等姐姐病好了以后再办。等李清照的病势稍减，弟弟李迒就兴奋地把这个消息告诉了她。李清照大为吃惊，她连连拒绝这件事，可是最终在弟弟的不断劝说下妥协了。

如果是长辈的逼迫，李清照肯定会一口否决，但是，弟弟那种处处为她着想的神情和口气让她不忍拒绝。为了让李清照安心，李迒还绘声绘色地复述了张官人那一番多情的话，这让李清照不得不感动。

只是“曾经沧海难为水”，付出给赵明诚的那种感情，李清照是不可能同等地付给别人了。可是，爱情没有了，生活却仍要继续。这个名叫张汝舟的人，是不是老天对自己的补偿？病势稍减的李清照仍旧虚弱，她没有力气继续想下去。

仪表堂堂、温文儒雅的张汝舟，初次见李清照便流利地背诵了她的数首诗词，这一下子就博得了李清照的好感。于是，李清照相信了张汝舟，她天真地幻想着二人或许能相依相伴地过完下半生。

得到李清照的应允，张汝舟迫不及待地要娶李清照过门，他天天过来询问李清照的病情，在李清照还没好利索的时候就把她迎进了门。那个时候，女子只能在初婚的时候乘坐花轿。而李清照属二嫁，于是，张汝舟派来车马，把李清照连同她的财物一起载走了。

仓促迎娶 暗藏阴谋

作为崇宁年间进士及第的人，张汝舟自然知道李清照的大名，也读过她不少的诗词文章。但是，他此刻如此急着娶李清照，却不是因为李清照的才学，而是因为李清照手中的那笔文物。

张汝舟知道李清照的亡夫赵明诚是金石大家，他们二人收藏了不计其数的金石器皿和古玩字画，这些都价值连城。他认为谁拥有了李清照，谁就掌握了这些金石文物。

可是，他不知道，李清照现在拥有的金石文物已经遗失过半。他也不知道，李清照现在把剩余的这些金石文物看得比自己的命还重要。张汝舟与李清照，两个互不了解的人就这样住到了同一个屋檐下。

然而，他们在同一个屋檐下仅仅住了百天，就对簿公堂彻底决裂了。

李清照最初接触张汝舟时，觉得他是一个彬彬有礼的君子，可是结婚之后发现他虽然也是进士出身，却粗鄙庸俗，完全没有赵明诚的文雅风流。而早就觊觎那些珍贵收藏的张汝舟，发现李清照婚后丝毫没有把金石文物交给他的意思；并且，发现李清照手中并没有多少财物，不禁大失所望。

即便如此，张汝舟还是做梦都想占有李清照身边尚存的文物，可李清照把这些幸存之物视为生命，她怎么可能把这些东西交出去？！况且，此时《金石录》还没有整理成书，她更加不能失去这些东西。

可是，张汝舟认为，李清照既然嫁了他，那李清照的一切都应该归他所有。于是，两人在文物支配权上闹了矛盾，渐渐到了同床异梦的地步。

张汝舟先是以占有这样一个大才女而自得，后因不能俘获她的心，不能支配她的行为而恼羞成怒，于是他脱下伪装开始谩骂和毒打李清照。张汝舟妄想通过自己的拳头来征服这个看不起他的女子，却没想到有着傲骨的李清照不惜坐牢也要与他离婚。

可是，在宋朝女子要离婚谈何容易？不得已，李清照只好向弟弟李迒求助。李迒得知姐姐婚后过得如此悲惨，深悔自己轻信张汝舟，害惨了姐姐。于是，他翻查了张汝舟的资料。一查之下，才发现张汝舟根本不是他标榜的那样。事实上，张汝舟是一个十足的无赖、流氓！他不仅算计了李清照，还算计了宋朝的官吏制度。

宋朝时期官员的升职考核很严格，不仅要求官员有足够的任职资历，还要求其有足够数额的荐举人，即“举主”。每个“举主”可以荐举官员的次数不仅有限制，他们和被荐举的“选人”之间，还存在一种近似“连坐”的关系。这就迫使“举主”珍惜自己的荐举权，而那些个人品德或者道德行为上有问题的“选人”，很难得到足够数额的“举主”，也就无法混进宋朝的行政体系中。

由于张汝舟惯于坑蒙拐骗，其他官员生怕他将来出事连累自己，于是都不愿意举荐他。没想到，他居然利用宋朝待选官员众多，监察人员疏于细察的漏洞，成功地混进了官场。

这种事情，朝廷是发现一个，查处一个，从来不会手软。这回，张汝舟可不会再那么幸运了。

宁为玉碎 不为瓦全

李清照视人格比生命更重要，她怎么愿意与张汝舟这种卑劣的人为伍？可是，封建社会的女子要离婚谈何容易！在夫权至上的封建时代，法律向来不会给予女性任何支持。如若提出“夫妻失和”这样的理由，官府只会以家务事不便插手为由驳回诉讼。

无奈之下，李清照只能以告发张汝舟舞弊之罪来换取自由。病情稍有好转，她便步履蹒跚地走进了临安府以“妄增举数入官”的罪名状告张汝舟。

可是宋朝的法律规定，女子告发丈夫，无论对错输赢，都要坐牢两年。李清照认识到张汝舟的真面目后，宁可坐两年牢也要从张汝舟身边逃离。

由于李清照的名声太大，当时有许多人关注此事，于是这起案件引起了高宗的关注，高宗下诏将张汝舟从官员中除名并流放柳州。李清照因翰林学士綦崇礼等亲友的大力营救，只坐了九天牢就得以释放。

李清照给綦崇礼的答谢信《投翰林学士綦崇礼启》当中明确地数落了张汝舟的恶行："遂肆侵凌，日加殴击，可念刘伶之肋，难胜石勒之拳。"正因如此，李清照才说："视听才分，实难共处，忍以桑榆之晚节，配兹驵侩之下才。"

李清照不惜被扣上沉重的枷锁，也要状告张汝舟。是什么给她的勇气？是那宁为玉碎、不为瓦全的傲骨以及那不与小人为伍的信念！

李清照是一个外表柔弱内心却极为坚强的女子，这一点从她敢在兵荒马乱的年代独自携带文物漂泊就可以看出来。更何况，寻常的柔弱女子又怎么可能写出"生当作人杰，死亦为鬼雄"的豪迈诗句！

改嫁之事 是否属实

可能张汝舟这个男人太过下作，而李清照太过美好，人们不愿让张汝舟这样的男人玷污李清照；也可能李清照与赵明诚的感情过于真挚，人们不愿相信李清照会做出再嫁的举动。于是，很多后人把李清照再嫁张汝舟这件事当作谣传。比如，清人陈廷焯在《白雨斋词话》当中记载："易安《武陵春》后半阕云：'闻说双溪春尚好，也拟泛轻舟。只恐双溪舴艋舟，载不动、许多愁'，又凄婉，又劲直。观此，益信易安无再适张汝舟事。"

可是，李清照也是一个普通女子，她也喜欢听甜言蜜语，也会犯普通女子都会犯的错误。故，李清照才会在听信了张汝舟"如簧之说，惑兹似锦之言"后，在"牛蚁不分"之时嫁给了张汝舟。这件事在宋人赵彦卫的《云麓漫钞》第十四卷《投翰林学士綦崇礼启》当中交代得非常清楚。

这封《投翰林学士綦崇礼启》感谢信和绍兴年间就陆续出现的关于李清照改嫁的记载和批评相合而观，就知道李清照改嫁是确凿无疑的事了。

清照启：素习义方，粗明诗礼。近因疾病，欲至膏肓，牛蚁不分，灰钉已具。尝药虽存弱弟，应门惟有老兵。即尔苍皇，因成造次。信彼如簧之说，惑兹似锦之言。弟既可欺，持官文书来辄信；身几欲死，非玉镜架亦安知？僶俛难言，优柔莫诀。呻吟未定，强以同归。

视听才分，实难共处，忍以桑榆之晚节，配兹驵侩之下才。身既怀臭之可嫌，惟求脱去；彼素抱璧之将往，决欲杀之。遂肆侵凌，日加殴击，可念刘伶之肋，难胜石勒之拳。局天扣地，敢效谈娘之善诉；升堂入室，素非李赤之甘心。外援难求，自陈何害，岂期末事，乃得上闻。取自宸衷，付之廷尉。

被桎梏而置对，同凶丑以陈词。岂惟贾生羞绛灌为伍，何啻老子与韩非同传。但祈脱死，莫望偿金。友凶横者十旬，盖非天降；居囹圄者九日，岂是人为！抵雀捐金，利当安往；将头碎璧，失固可知。实自谬愚，分知狱市。此盖伏遇内翰承旨，搢绅望族，冠盖清流，日下无双，人间第一。奉天克复，本缘陆贽之词；淮蔡底平，实以会昌之诏。哀怜无告，虽未解骖；感戴鸿恩，如真出己。故兹白首，得免丹书。

清照敢不省过知惭，扪心识愧。责全责智，已难逃万世之讥；败德败名，何以见中朝之士。虽南山之竹，岂能穷多口之谈？惟智者之言，可以止无根之谤。高鹏尺鷃，本异升沉；火鼠冰蚕，难同嗜好。达人共悉，童子皆知。愿赐品题，与加湔洗。誓当布衣蔬食，温故知新。再见江山，依旧一瓶一钵，重归畎亩，更须三沐三薰。忝在葭莩，敢兹尘渎。

——李清照《投翰林学士綦崇礼启》

人生在世不如意事常八九，李清照本想像寻常女子那样携一良人终老，奈何命运总是弄人。写下那首《武陵春》时，李清照大约如陈廷焯所言，已经过了心中的那道坎。李清照在张汝舟事件当中表现出的果敢与孤傲，理应得到旧时女性的崇拜。可是，人们总是对李清照改嫁之事，贬大于褒，这是不应该的。

败德败名 争议不休

提到宋朝，许多人就会想到朱熹，并想到他那套程朱理学对广大女性造成的迫害。很多人都说由于受程朱理学的影响，中国从宋代开始走向内向、保守、停滞。甚至有研究服饰史的学者宣称，因为程朱理学的影响，宋代女性的着装趋于拘谨、呆板，包裹严实。实际上，宋画中女性的着装依旧性感，画中不少女子通常都是内衣外穿、酥胸微露。理学只是宋代众多思想流派中的一个学派而已，而且在相当长的时间内，朱熹的学说受到朝廷的排斥。

不可否认，宋朝学术上造诣最深、影响最大的是朱熹。他总结了以往的思想，尤其是宋代理学思想，建立了庞大的理学体系，成为宋代理学集大成者，其功绩为后世所称道，其思想被尊奉为官学，而其本人也被尊称为“朱子”。

不过，有一点我们要搞清楚，朱熹生活的年代要比李清照晚得多，李清照改嫁张汝舟时，程朱理学的思想还没有兴盛起来。

实际上，两宋时期，从士大夫家庭到寻常百姓人家，妇女改嫁的事件俯拾皆是，王安石的儿媳庞氏、岳飞的前妻刘氏、陆游的前妻唐琬都改适他人。宋史学者张邦炜先生曾对南宋笔记小说《夷坚志》所记事例进行统计，结果发现："单单一部《夷坚志》中，所载宋代妇女改嫁的事竟达六十一例之多，其中再嫁者五十五人，三嫁者六人。"张邦炜先生得出结论："宋代妇女再嫁者不是极少，而是极多"；"宋代对于妇女改嫁绝非愈禁愈严，相反倒是限制愈来愈小，越放越宽"。

另外，宋代的社会风气也不以女子再嫁为耻，而且对再嫁妇女并无歧视之意，范仲淹给范氏宗族福利基金订立的《义庄规矩》规定："嫁女支钱三十贯，再嫁二十贯；娶妇支钱二十贯，再娶不支。"对再嫁女子的资助优于男子再娶。翻看宋朝的法律发现，其中并没有任何压制女性改嫁权力的条文，只是禁止居丧改嫁、强迫改嫁、背夫改嫁。

贞节观念发展到宋代后期，才被抬升到了一个新的高度，随理学逐渐形成，而贞节观念最终也成为理学的重要内容。宋代出了一些理学家，他们提倡贞节，谴责再嫁。在他们的种种说教当中，最冒尖的莫过于程颐的"名言"：饿死事极小，失节事极大。不过，这时的李清照早已离世多年。

因此，李清照的再嫁并不影响她的生活，只是明清时期的文人总是抓着她改嫁的事情不放，甚至用"不终晚节""无检操""晚节流荡无归"等语言评价她。

伤心枕上三更雨

虽然没有社会舆论的苛责，然而遇人不淑的事情始终让李清照难以释怀。她说："清照敢不省过知惭，扪心识愧。责全责智，已难逃万世之讥；败德败名，何以见中朝之士！"

后半生，幸福再也没有眷顾过李清照。

也许是那样不凡的才华遭了天妒，所以早早地收回了属于她的幸福，留她一个人默默舔尝人生的苦涩。

窗前谁种芭蕉树？阴满中庭，阴满中庭。叶叶心心，舒卷有馀情。

伤心枕上三更雨，点滴霖霪，点滴霖霪。愁损北人，不惯起来听。

——李清照《添字丑奴儿》

黄梅时节阴雨连绵，雨声不停地敲打着芭蕉。这种淅淅沥沥的声响，“北人”何曾听过。对于渡江而来的“北人”来说，无论在此地居住多久，都没有家乡的认同感，居无定所的惶恐始终追随着渡江而来的词人。于是，面对窗前的芭蕉树，词人自然而然地问出“窗前谁种芭蕉树”，而这一问又将读者的视线引向南方特有的芭蕉庭院。接着，词人抓住芭蕉叶心长卷、叶大多荫的特点加以咏写。蕉心长卷，一叶叶，一层层，不断地向外舒展。阔大的蕉叶似巨掌，似绿扇，一张张，一面面，布满庭院，散发着清香，点缀着南国的夏秋。第二句“阴满中庭”，形象而逼真地描绘出这一景象。第三句复用一个“阴满中庭”进行吟咏，使人如临庭前，如立窗下，身受绿叶的遮蔽，进而注视到蕉叶的舒卷。“叶叶心心，舒展有馀情”中“叶叶”与“心心”，两对叠字连用，一面从听觉方面形成应接不暇之感，一面又从视觉方面向人展示蕉叶不断舒展的姿态。

蕉心常卷，犹如愁情无极，嫩黄浅绿的蕉心中紧裹着词人绵绵不尽的情思。当词人三更半夜辗转难眠，听到窗外雨打芭蕉的声音时，引起了“北人不惯”之感，不免增添失去故土的伤痛与复国无望的深愁。无休无尽的雨滴声仿佛提醒着“北人”背井离乡的凄惨处境，这让卧床的“北人”实在无法忍受，只得披衣“起来听”。可是，“起来听”就能缓解愁苦吗？当然不能，这只是词人一个无奈的动作。

夜半听雨，点点滴滴，小轩窗前辗转难眠。李清照此时除了思故乡外还会思什么？估计是思她的亡夫赵明诚吧！毕竟两人携手二十八载，又有共同的志趣，他们二人的感情不是他人可以代替的。

第十章
风住尘香花已尽

千古风流八咏楼

绍兴四年（1134年）九月，金兵再次南侵，此时的南宋军事力量已得到恢复，高宗遂决定与金兵交战，百姓纷纷逃离临安。李清照也离开临安，去往浙江金华。

在金华期间，李清照曾作《题八咏楼》诗，悲宋室之不振，慨江山之难守。

> 千古风流八咏楼，江山留与后人愁。
> 水通南国三千里，气压江城十四州。
>
> ——李清照《题八咏楼》

“千古风流八咏楼”，李清照闲居无事，便登临山水，以排遣愁绪。这次登临八咏楼，只见得山河壮丽，气象开阔。眼前所见本是大好的风景，诗人转而却写“江山留与后人愁”，说八咏楼这样千古风流的东南名胜，可能会有落入敌手之忧。对于这种“愁”，李清照在其诗文中曾多次抒发过。事实证明，她的这种“江山之愁”不是多余的，因为继汴京沦陷、北宋灭亡之后，南宋朝廷的驻跸之地建康、杭州也先后一度失守。曾几何时，金兵直逼四明，高宗只得从海路逃遁。眼下作为都城的临安，又一次受到严重威胁。即使敌人撤回原地，如果不对其采取相应措施，而只是一味地用土地、玉帛、金钱奴颜婢膝地去讨好敌人，那么性如虎狼的“夷虏”永远不会善罢甘休。

“水通南国三千里，气压江城十四州”二句，或对贯休《献钱尚父》诗的“满堂花醉三千客，一剑霜寒十四州”及薛涛《筹边楼》诗的“壮压西川十四州”有所取意。对前者主要是以其“三千里”之遥和“十四州”之广极言婺州（今浙江金华）地位之重要；李清照改“壮压”为“气压”，气势比薛诗更加壮阔。

在战乱时期写山水景色，表现的是诗人的爱国热情。这首诗气魄宏大，展现了李清照不平凡的心胸，与她平时作品的风格存在很大差异。

学识渊博《打马赋》

李清照避乱金华时，写成《打马图经》并《序》，又作《打马赋》。虽为游戏文字，却语涉时事。借谈论博弈之事，引用大量有关战马的典故和历史上抗恶杀敌的威武雄壮之举，热情地赞扬了像桓温、谢安等忠臣良将的智勇，以此暗讽南宋统治者不识良才、不思抗金的庸碌无能。

《打马赋》不见于《宋书·艺文志》，却著入于陈振孙《直斋书录解题》中。《打马赋》是一篇精彩的骈文，也是一篇历史上不曾多见的有关游戏博弈的美文。李清照喜爱打马游戏，她曾说："予性喜博，凡所谓博者皆耽之昼夜，每忘寝食。但平生随多寡未尝不进者何？精而已。"

岁令云徂，卢或可呼。千金一掷，百万十都。樽俎具陈，已行揖让之礼；主宾既醉，不有博弈者乎！打马爰兴，樗蒱遂废。实博奕之上流，乃闺房之雅戏。齐驱骥骒，疑穆王万里之行；间列玄黄，类杨氏五家之队。珊珊佩响，方惊玉蹬之敲；落落星罗，急见连钱之碎。若乃吴江枫冷，胡山叶飞，玉门关闭，沙苑草肥。临波不渡，似惜障泥。或出入用奇，有类昆阳之战；或优游仗义，正如涿鹿之师。或闻望久高，脱复庾郎之失；或声名素昧，便同痴叔之奇。亦有缓缓而归，昂昂而出。鸟道惊驰，蚁封安步。崎岖峻坂，未遇王良；跼促盐车，难逢造父。且夫丘陵云远，白云在天，心存恋豆，志在著鞭。止蹄黄叶，何异金钱。用五十六采之间，行九十一路之内。明以赏罚，覈其殿最。运指麾于方寸之中，决胜负于几微之外。且好胜者，人之常情；小艺者，士之末技。说梅止渴，稍苏奔竟之心；画饼充饥，少谢腾骧之志。将图实效，故临难而不四；欲报厚恩，故知机而先退。或衔枚缓进，已逾关塞之艰；或贾勇争先，莫悟阱堑之坠。皆因不知止足，自贻尤悔。况为之不已，事实见于正经；用之以诚，义必合于天德。故绕床大叫，五木皆卢；沥酒一呼，六子尽赤。平生不负，遂成剑阁之师；别墅未输，已破淮淝之贼。今日岂无元子，明时不乏安石。又何必陶长沙博局之投，正当师袁彦道布帽之掷也。

辞曰：佛狸定见卯年死，贵贱纷纷尚流徙，满眼骅骝杂騄駬，时危安得真致此？木兰横戈好女子，老矣谁能志千里，但愿相将过淮水。

——《打马赋》

在结构上，序文不仅是《打马图经》之序也是《打马赋》的序。在内容上，序文不仅介绍了《打马赋》的创作背景，而且总结了打马的体例、经验和方法。《打马赋》则对打马游戏的整个过程进行了描述。二者相辅相成、密不可分，正如龚克昌先生所言：《打马图经序》是打马游戏的经验总结，而《打马赋》则是打马游戏经验的具体实践，两者讲的实际上是同一问题。

打马是一项技巧性极强的游戏，也是一种由来已久的博戏，在南宋尤其盛行。打马与其他游戏相比有以下特点：且长行、叶子、博塞、弹棋，世无传者；打褐、大小猪窝、族鬼、胡画、数仓、赌快之类，皆鄙理不经见；藏酒、樗蒲、双蹙融近渐废绝，选仙、加减、抽关头、质鲁任命，无所施人智巧；大小象戏弈棋，又唯可容二人。打马游戏可多人参与，雅而不俗，又能增其智慧，故为李清照所独喜并以打马之戏为赋。把打马游戏写入赋中，李清照是第一人。正如李清照在序中所言："使千万世后，知命辞打马始自易安居士也。"

欲语泪先流

绍兴五年（1135年），李清照已五十多岁。暮春时节，敏感的李清照看到落花总会升起愁绪。

> 风住尘香花已尽，日晚倦梳头。物是人非事事休。欲语泪先流。
>
> 闻说双溪春尚好，也拟泛轻舟。只恐双溪舴艋舟，载不动、许多愁。
>
> ——李清照《武陵春》

“风住尘香花已尽”，既点出此前风吹雨打、落红成阵的情景，又绘出如今雨过天晴，落花已化为尘土的韵味；既写出了词人雨天不得外出的苦闷，又写出了词人惜春自伤的感慨，真可谓引人回味无穷。同时，“风住”一词又为下文“也拟泛轻舟”埋下伏笔。“日晚倦梳头”，太阳已日上三竿了才起床，可起来后却无心梳发。这一系列的描写，看似很是平常，却写出了词人在国痛家恨的环境下那种难以排遣的伤痛。环顾四周，丈夫遗物犹在，睹物思人，念及北国故乡。此情此景，词人不禁悲从中来。“欲语泪先流”是痛苦至极、无语倾诉的表达，只能通过眼泪来诉说。

“闻说双溪春尚好”，语气陡然而转，词人刚刚还在流泪，现在却“也拟泛轻舟”了，似乎是微露一丝喜悦，心波叠起。“春尚好”“泛轻舟”措辞轻松，节奏明快，恰好表现了词人在极度愁苦之余，想要借游览来排遣心事的心情。而“泛轻舟”之前的“也拟”二字，说明了词人出游的兴致是一时所起，并不十分强烈。“轻舟”一词为下文的愁重做出了很好的铺垫和烘托，“只恐双溪舴艋舟，载不动、许多愁”则来了一个猛烈的跌宕，使感情显得无比深沉。同时，也揭示了“日晚倦梳头”“欲语泪先流”的原因。

这首词的下阕着重挖掘内心感情。词人连用了“闻说”“也拟”“只恐”三组虚字，作为起伏转折的契机，一波三折，引人深思。“只恐双溪舴艋舟，载不动、许多愁”是广为传诵的名句。“愁”本是抽象之物，只可意会，难以捉摸。如今词人却异想天开地将它装上小船，给人一种具体可触的立体感；而且还怕愁太重，小船载不动，则给愁又赋予了重量感；联系前句的“轻”字，似乎还可看到这小船在重愁堆积下被慢慢压向水面之状，从而获得了一种动态感。其化虚为实，语意新奇，想象惊人，实在是描摹愁思的绝妙好句。

这时的李清照经历了国家动荡、亲人离世、再嫁风波、四处逃亡之苦，对人生的感悟更为深刻。清吴衡照《莲子居词话》卷二评此词曰：“悲深婉笃，犹令人感伉俪之重。”读来很是恰当。如果说《声声慢》所流露的凄苦尚令人在“生离死别”之间举棋不定，那么这首词则毫无疑问地流露了她饱尝离乱之苦、在连天烽火中漂泊流离、历尽人生坎坷后的“死别”之恨。

魂梦不堪幽怨

风停了，庭院里的花儿凋零过半。看珠帘之外花瓣成堆，红蕊层层。海棠花开过后就到了伤春时节，这句话真是一点也不假。李清照看着那散落满地的花朵，强压下去的悲伤又不受控制地席卷而来……

风定落花深，帘外拥红堆雪。
长记海棠开后，正伤春时节。
酒阑歌罢玉尊空，青缸暗明灭。
魂梦不堪幽怨，更一声啼鴂。

——李清照《好事近》

"风定落花深，帘外拥红堆雪"，词人由风住断定"帘外"定然是落花遍地，红白堆积。唐代诗人孟浩然《春晓》诗云："春眠不觉晓，处处闻啼鸟。夜来风雨声，花落知多少？"韩偓《懒起》诗云：

“昨夜三更雨，临明一阵寒。海棠花在否？倒卧卷帘看。”这两位诗人对风雨后花的状况均无所知，虽有怜花之意，但毕竟不如李清照。李清照对落花给予极大关注，在其潜意识中，花朵就如自己。开篇二句虽为状物，但伤感之情已隐约可见。“长记海棠开后，正是伤春时节”，词人的回忆闸门被打开，可是她对往事避而不谈，只是说海棠花落之时亦是自己伤春时节。“长记”，说明以往的“伤春时节”之事，常萦绕于心。

词人在诸多花卉中，对海棠情有独钟，《如梦令》曾写道：“昨夜风疏雨骤，浓睡不消残酒。试问卷帘人，却道海棠依旧。知否？知否？应是绿肥红瘦。”

海棠对词人有着某种特殊的情感寓意，仿佛是她青春与生命的某种象征。大风过后的帘外落花，让她想起了当年“绿肥红瘦”的海棠，应是别有滋味在心头。年年岁岁花相似，岁岁年年人不同。红颜一天天老去，今日之我已非昨日之我。酒已残，歌已尽，杯中已空空如也，眼前只有那灯影忽明忽暗，如梦似幻。然而，纵然她不遗余力地活下去，也逃避不了“酒阑歌罢玉尊空”的寥落。“魂梦不堪幽怨，更一声啼鴂”，白日词人是惜花伤时，夜晚则是“借酒浇愁愁更愁”，想在梦中得到一丝慰藉，然而梦中依旧幽怨哀愁。醒来之时，听到窗外凄厉的“啼鴂”声，更增添了悲怆之情。

“恐鹈鴂之先鸣兮，使夫百草为之不芳”，鹈鴂的叫声常在暮春时听到，那时百花开始凋落，有如一声声好景不再、大幕将落的伴奏。所以，李清照这句凄绝的“更一声啼鴂”，呼应了开篇“风定落花深，帘外拥红堆雪”。

继承夫业

虽然经历了一场再嫁非人、离异入狱的灾难，但是李清照并未就此消沉，她走出伤痛后就继承夫业投入《金石录》的校正工作中。

在临安的小阁楼中，李清照摊开厚厚的《金石录》手稿，开始逐字逐句地斟酌、厘定。赵明诚的字体秀美飘逸，李清照透过文字就能想象出他生前写下这些文字时的表情。厚厚的三十卷《金石录》一修订就是两年，在此期间李清照几乎和外界断绝了联系。

经过两年的校勘工作，李清照不仅完成了将遗稿校正誊录的工作，还对相关内容进行了增补。绍兴四年（1134年），李清照终于完成了《金石录后序》的写作。

在酷暑即将退去的时候，倾尽了赵明诚与李清照毕生心血的《金石录》也接近竣工。《金石录》体例仿照欧阳修的《集古录》，共分三十卷，不仅著录所藏金石拓本共两千种，上起夏、商、周，下迄隋唐五代，还著录了他们所见的钟鼎彝器的铭文款识和碑铭墓志等石刻文字。前十卷为铜器铭文和石刻的目录。

秋风瑟瑟，秋雨潇潇，转眼又到八月。这天下午，李清照亲手在素绢封面上恭楷写下：

《金石录》（三十卷）宋秘阁修撰，知湖州事，东武赵明诚撰。

写完后，李清照吩咐丫鬟把酒菜摆到院子里的菊花畦边。接着，她披了件外衣随丫鬟来到菊花畦边。端起酒杯，前尘往事，蓦地升上心头。她接连把三杯酒倾在地上，然后说道："明诚，我们夫妻惨淡经营几十年的金石书画，一毁于战火，再毁于盗寇，如今已所剩无几了。不过，不用太难过，你最看中的几样物品还在，我们夫妻合著的《金石录》也总算完工了！今后，我活一日，便与这些书画厮守一日，你就放心吧！"

李清照说完，坐下默默吃饭，接着回屋在《金石录后序》中写道：

呜呼，余自少陆机作赋之二年，至过蘧瑗知非之两岁，三十四年之间，忧患得失，何其多矣！然有有必有无，有聚必有散，乃理之常。人亡了，人得之，又胡足道！

在赵明诚死后的二十年里，李清照从未将这份爱从灵魂中剥离。

他在的时候，她不遗余力地去相思；他不在的时候，她亦是不遗余力地去怀念。她将自己的这份情融进了自己的诗词里，也融进了《金石录》的校正工作中。

宋高宗绍兴五年（1135年），赵明诚去世六年之际，此时年逾五十的李清照为《金石录》专门撰写了一篇《〈金石录〉后序》。绍兴十三年（1143年）前后，李清照将赵明诚遗作《金石录》校勘整理，表进于朝。

《金石录》是继欧阳修《集古录》之后，一部规模更大、更有价值的研究金石之学的专著。一经传阅，它那精致的文字、详细的论述就在大臣们之间引起轰动，那些整天忙着争名夺利的臣子们，看到这耗尽两人一生所著的作品后，残存在内心深处的文化基因又悄悄萌动了。

绍兴二十年（1150年），六十七岁的李清照曾先后两次拜访了北宋大书画家米芾之子米友仁，请其为自己与赵明诚收藏的两幅米芾的字帖题跋。这两幅米芾的字帖，也是赵挺之和赵明诚生前都极为珍视的物品。

米友仁是米芾的长子，也是宋朝著名的书法大家，他擅长行书，也擅长画山水，大有其父当年的书画造诣。当李清照呈上米芾的两幅字帖时，这位年近八旬的老人看着父亲当年的字，不禁百感交集。一幅字，勾起了两人对故土的无限回忆。于是，他正襟危坐，题写了《灵峰行记帖跋》。

米友仁跋语云："易安居士一日携前人墨迹临顾，中有先子留题，拜观不胜感泣。先子寻常为字，但乘兴而为之。今子数句，可比黄金千两耳。”其落款为“敷文阁直学士，右朝议大夫，提举佑神观友仁谨跋。”

得到米友仁的题字，李清照内心欣喜，而米友仁却眼眶里含满泪花。三年后，米友仁去世了。

再次回到临安，李清照的视线已经模糊，腿脚也已经越来越乏力。人就是这样顽强的动物，目标未完成之前总是斗志满满，可一旦目标完成，身上的担子卸下，衰颓之势便会立马显现出来。

怎一个愁字了得

渐入暮年的李清照没有孩子，守着一孤清的小院独自居住，只有秋风扫着黄叶在门前盘旋。偶尔，会有一个姓孙的朋友携带女儿来看望她，这个朋友的女儿刚刚十岁，却极为聪颖。一日，这个小孩子来玩时，李清照对她说："你该学点东西，我老了，愿将平生所学相授。"不料，这小孩子脱口说道："才藻非女子事也。"李清照不由得倒抽一口凉气，她觉得一阵晕眩，手扶门框才没有摔倒。幼龄女童用无辜而郑重的语气说出"才藻非女子事也"，深深刺痛了李清照的心。很多年后，陆游在为这个小女孩写的墓志铭云："夫人幼有淑质。故赵建康明诚之配李氏，以文辞名家，欲以其学传夫人。时夫人始十余岁，谢不可，曰：才藻非女子事也。"原来，在一生痴情于才华横溢的表妹唐婉的陆放翁心里，女子没有才藻是值得赞美的。

虽是童言无忌，但这也说明，当时的人们都认为女子有才情是多余的啊！而她还一直想着著书立说、传道授业。她学富五车又怎样？

她词动京华又如何？到头来还不是独自一人守着小院了此残生！一种可怕的孤独感向李清照袭来，她忽然感到这个世界上没有一个人能读懂她的心。于是，她怀着满腔悲愤，吟出了这首浓缩了自己一生痛楚的《声声慢》：

寻寻觅觅，冷冷清清，凄凄惨惨戚戚。乍暖还寒时候，最难将息。三杯两盏淡酒，怎敌他、晚来风急。雁过也，正伤心，却是旧时相识。

满地黄花堆积。憔悴损，如今有谁堪摘？守著窗儿，独自怎生得黑？梧桐更兼细雨，到黄昏、点点滴滴。这次第，怎一个愁字了得！

——李清照《声声慢》

“寻寻觅觅，冷冷清清，凄凄惨惨戚戚”，词的开篇便连用七组叠词，而这七组叠词极富音乐美。“寻寻觅觅”，词人好像在寻求什么，可是国破、家亡、夫逝已毁坏了她生活中的所有美好，如今生活中已经没有什么可寻觅，也没有什么需要寻觅的了，但词人还是希望找点什么来支撑自己孤苦无助的人生，但寻觅的结果却是“冷冷清清”。“凄凄惨惨戚戚”，写词人内心的凄凉、悲苦、惨戚的情绪。这三句都在表现词人的愁苦无聊，寂寞哀伤，但各有侧重，第一句写神态，第二句写环境，第三句写心情，而第二、第三句又是第一句“寻寻觅觅”的结果。吴熊和在其《唐宋词通论》评：“冷冷清清，先感于外；凄凄惨惨戚戚，后感于心，进入愁境。”

“乍暖还寒时候，最难将息”刚觉得有点儿暖和却又变冷了，这是秋天的时令特征。人在天气多变时，是很难适应的，更何况是年岁已高又遭遇了如此多苦难的词人。

为了适应这多变的秋天时节，词人企图以酒御寒，但“三杯两盏淡酒，怎敌他、晚来风急？”酒是“三杯两盏”，量少，又是“淡酒”，怎么能抵挡黄昏时的阵阵秋风呢？淡酒不敌风寒，饮酒也不能排遣忧愁。

“雁过也，正伤心，却是旧时相识。”雁飞过去，正令人伤心，词人可能在想这雁是我过去见过的。这里我们可以看到词人可能表达的三层意思：第一，雁飞过去了，雁叫声凄厉，令人伤心。原来这大雁是老相识了，触动我内心的创伤已不止一次，现在却又来触动我，使我伤心难过。第二，古代有雁足传书的传说。雁以往是给我带过信的，是带给我安慰。如今，丈夫已逝，亲戚离散，雁飞过去却无信可带，使我伤心。第三，词人的故乡在北方，而此时词人沦落南方，秋天北雁南飞，引起了对故乡的思念，所以使她伤心。

“满地黄花堆积。憔悴损，如今有谁堪摘？”“黄花”是指菊花。这时看见那些菊花，才发觉自己再无当年那种“东篱把酒黄昏后，有暗香盈袖”的雅兴。词人不禁想到：以往丈夫在世时的日子多么美好，可如今呢？只剩下自己一个人饱受这孤独的煎熬。“满地黄花堆积”是指词人无心看花，虽值菊堆满地，却不想去摘它、赏它。然而，人不摘花，花当自萎；及花已损，则欲摘已不堪摘了。这里既写出了自己无心摘花的郁闷，又透露了惜花将谢的情怀。

“守著窗儿，独自怎生得黑？”一个人百无聊赖地坐在窗边，希望天能早一点黑下来，但天偏偏与人作对，越等越觉得时间漫长。

寂寞难耐，好不容易等到黄昏，等来的却是更令人伤心的东西：“梧桐更兼细雨，到黄昏、点点滴滴。”风吹梧桐叶，本已悲凉，又添细雨，使得词人内心更加无助悲凉。温庭筠《更漏子》曾写：“梧桐树，三更雨，不道离情正苦；一叶叶，一声声，空阶滴到明。”李清照是位敏锐善感的词人，雨滴打在梧桐上，好像敲击着她破碎的心灵，使她悲伤至极。

种种情形不断地折磨词人，使她不禁脱口说道：“这次第，怎一个愁字了得！”“这次第”是说这种种情形或种种光景加在一起，怎么是一个“愁”字可以概括得了！

在这首《声声慢》中，词人形象地描绘残秋的萧瑟景象，抒发了自己饱经忧患、家破人亡后的悲痛。学者沈祖棻曾说此词：“是由于心中有无限痛楚抑郁之情，从内心喷薄而出，虽有奇思妙语，而并非刻意求工，故反而自然深切动人。”

如今憔悴 但余双泪

回到临安的这一年，李清照已经五十二岁（虚岁五十三），此后，便居于临安，寄住在弟弟李迒家中。老寡孤独，依附弱弟，心中自是凄苦。弟弟常常要远赴任所，离别与重逢之间，多少滋味复又涌上心头。于是，她便作了这首《青玉案》。

> 征鞍不见邯郸路，莫便匆匆归去。秋风萧条何以度？明窗小酌、暗灯清话，最好留连处。
>
> 相逢各自伤迟暮，犹把新词诵奇句。盐絮家风人所许。如今憔悴、但余双泪，一似黄梅雨。
>
> ——李清照《青玉案》

李清照面对即将赴任远方的弟弟李迒，内心的不舍是明显的。但她却说，不要急着上路，而不是说，不要上路。她是愿意让他走的，但这愿意里面又有着千百个不情愿。可是，她又清楚地知道自己终究留不住他。

她犹记得前日他们在明净的窗下小酌的场面。灯光温煦，她与弟弟闲话家常。从过去的快乐时光，说到明日的分离，然后是沉默。这秋日的萧瑟兀自在那一刻变得夸张起来，她变得感伤并且忧愁，空气里充满沉重的凄清与寂寥。她转过身去，不再应答；而他也熏熏然，即将睡去。这已经是他们离别前最温情的独处。

然而，时间是残酷的，天亮之后，他将远行。她不清楚这次分别之后两人是否还有重逢之日。她此刻虽然看上去坦然镇定，可是她的内心早已波涛汹涌。

吟诗唱词，又岂会淡静始终。那一些缠绵意深的字句里透露出的温热让她愈发难以保持那份镇定。她终于在不经意间想起自己这憔悴的容颜与羸弱的身体，以及再也回不了的过去。两行清泪留下，恰如那轻绵细雨，滴滴都落到了心上。

词里“盐絮家风人所许”一句用了才女谢道韫的典故。此典本是赞谢道韫的“咏絮之才”，李清照此处引来作“盐絮家风”，意在说自己的家庭里有谈诗论词的家风。

李清照的送别诗词并不多。晚年，曾写下了两首《上枢密韩肖胄诗》。韩肖胄的祖父韩忠彦、曾祖父韩琦都曾是北宋宰相，李清照的父亲李格非与祖父两代人都曾得到韩家提携。李清照得知家族世交韩肖胄将北上的消息后，沉寂下来的故国之思再次燃起，并且越燃越烈。在内心炽烈的乡愁意念的指引之下，李清照作下了《上枢密韩肖胄诗》（即《上枢密韩公、工部尚书胡公》）二首替二人送行。

帘儿底下听人笑语

上元佳节即将来到，隔壁家的院子里不时传来阵阵笛声，李清照掀帘走进屋内，只见小几上的古瓶里斜插着几枝梅花，地上的火盆里炭火烧得正旺。这些情景使她猛然想到了三十多年前的新婚之夜，那时也有这通红的炭火，也有这清香的梅花。邻家的笛声停了，传来几个少女的说笑声，李清照来到窗前向那边望去，只见三四个十六七岁的少女插着满头珠饰儿，兴致勃勃地准备去看上元的花灯。三十多年前，在她们这样的年龄，她也曾和弟弟一道去观灯夜游，在那里还遇到了后来成为自己丈夫的赵明诚。李清照怔忡出神，然后转过身来默默地从书架上取了赵明诚的手稿，接着放在书案上，轻轻地抚摸着，流下两行清泪。城中远处，隐隐传来鞭炮的噼啪声和孩子的欢笑声，李清照取出一幅素笺，写出了这首《永遇乐》：

落日熔金，暮云合璧，人在何处？染柳烟浓，吹梅笛怨，春意知几许？元宵佳节，融和天气，次第岂无风雨？来相召、香车宝马，谢他酒朋诗侣。

中州盛日，闺门多暇，记得偏重三五。铺翠冠儿，捻金雪柳，簇带争济楚。如今憔悴，风鬟霜鬓，怕见夜间出去。不如向、帘儿底下，听人笑语。

——李清照《永遇乐》

“落日熔金，暮云合璧”着力描绘元夕绚丽的暮景，落日金光灿灿，像熔化的金子一般；暮云色彩斑斓，仿佛碧玉一样晶莹鲜艳。两句对仗工整，辞采鲜丽。紧接“人在何处”四字，点出自己漂泊异乡，无家可归的处境，同吉日良辰形成鲜明对照。“染柳烟浓，吹梅笛怨，春意知几许？”三句，又转笔写初春之景：在浓浓烟霭的熏染下，柳色似乎深了一些；笛子吹奏出哀怨的《梅花落》曲调，原来开放的梅花已经凋谢。这眼前的春意究竟有多少呢？“几许”是不定之词，具体运用时，意常侧重于少。“春意知几许”，实际上是说春意尚浅。词人不直说梅花已谢而说“吹梅笛怨”，间接的借以抒写自己怀念旧都的哀思。正因为这样，虽有“染柳烟浓”的春色，却只觉春意味少。

“元宵佳节，融和天气，次第岂无风雨？”承上描写作一收束。虽是“元宵佳节，融和天气”，可是这些年来词人经历了国破家亡的巨大变故，使得她产生了物是人非、好景不长之感。所以在“融和天气”之后，立即指出“次第岂无风雨”的可能，在淡淡的春意中又掺进了浓浓的隐忧。归结到本篇的主题：恰逢佳节，天气虽好，却无心赏玩。因此，虽然有“酒朋诗侣”用“香车宝马”来邀请她去观灯赏月，也只好婉言谢绝了这番好意。表面上的理由是怕碰上“风雨”，实际是国难当前，早已失去了赏灯的心情。如果是在太平盛世，情况就大不相同了。这样一来，诗人很自然地便转到了当年汴京欢度节日的回忆上来。

“中州盛日，闺门多暇，记得偏重三五。”由上片的写今转为忆昔。“中州”原指河南省一带，这里专指北宋首都汴京（今开封市）；“三五”原指农历月的十五日。古诗：“三五明月满”，可见自古就有这种说法。这里则专指正月十五元宵节。遥想当年汴京繁盛时期，自己有的是闲暇游乐的时间，而当时最重视的就是元宵佳节。宋代不论官方民间，对一年一度的元宵灯节都很重视。李清照在汴京过了许多个元宵节，印象当然是抹不掉的。

如今虽然老在临安，却还“忆得当年全盛时”，自己当时年纪还轻，兴致极好，“铺翠冠儿，捻金雪柳，簇带争济楚”，认真热闹过一番。元宵节这天晚上，同闺中女伴们戴上嵌插着翠鸟羽毛的时兴帽子，和金线捻丝所制的雪柳，穿戴得齐齐整整后，便出门游乐。“铺翠冠儿”是嵌插着翠鸟羽毛的女式帽子，当时富贵人家流行这样的穿戴。“捻金雪柳”，是在雪柳（一种纸或绢制成花样的饰物）上加金线捻丝，这也是富贵人家才有的。“簇带”即成簇插戴。

这几句集中描写当年的穿戴打扮，既切合青春少女的特点，又体现了那时候无忧无虑的游赏兴致，同时也从侧面反映了汴京的繁华热闹。以上六句忆昔，语调轻松欢快，宛然少女心声。

但是，昔日的繁华欢乐早已成为不可追寻的幻梦，“如今憔悴，风鬟霜鬓，怕见夜间出去。”词人从记忆中又回到现实里来。今昔对比，禁不住心情又凄凉又生怯。历尽国破家倾、夫亡亲逝之痛，她不仅由“簇带济楚”的少女变为形容憔悴的老妇，而且心也老了，对外面的热闹繁华再无兴致，懒得夜间出去。“风鬟霜鬓”四字把词人无心夜出的心情体现得淋漓尽致，词人因年老，头生白发，加之又懒得打扮，因而也就“怕见夜间出去”。

“不如向、帘儿底下，听人笑语。”结束得好像很平淡，可是在平淡中却包含了多少人生的感慨！此处词人大概表达了三层意思：第一，人已年老，自是懒得动弹。第二，词人经历种种苦难，早已对外界的环境变化，波澜不惊，更何况如今怎么及得上旧时啊！第三，词人如今的处境，哪还有什么心情同人家赏灯呢？通过这平淡的一句，词人满腹辛酸、一腔凄怨，反而显得更加沉重了。

这首词的艺术感染力很强，南宋著名词人刘辰翁每诵此词必“为之涕下”。他在《须溪词》卷二中说：“余自乙亥上元诵李易安《永遇乐》，为之涕下。今三年矣，每闻此词，辄不自堪。遂依其声，又托之易安自喻，虽辞情不及，而悲苦过之：璧月初晴，黛云远澹，春事谁主。禁苑娇寒，湖堤倦暖，前度遽如许。香尘暗陌，华灯明昼，长是懒携手去。谁知道，断烟禁夜，满城似愁风雨。宣和旧日，临安南渡，芳景犹自如故。缃帙流离，风鬓三五，能赋词最苦。江南无路，鄜州今夜，此苦又谁知否。空相对，残红无寐，满村社鼓。”

清代水瑢等《四库全书总目提要·集部词曲类一》中这样说："……张端义《贵耳集》极推其元宵词《永遇乐》、秋词《声声慢》，以为闺阁有此文笔，殆为间气，良非虚美。虽篇帙无多，固不能不宝而存之，为词家一大宗矣。"

除此之外，众多文人对这首词极为推崇，现简单抄录于下：

词人在这首词中是怎样描写景物和表现自己心情的呢？同样的元宵佳节，同样的美好景色，亦即"芳景犹自如故"，可是同一个人，由于时世不同，容貌和心情已完全两样。词人以独特的笔触，用种种对比，使今昔两种元宵灯节的不同情景，构成了鲜明的对照，从而深刻地抒发了她眷念故国、忧患余生的痛苦。这是这首词的特色。李清照首先用浓重的色彩极力渲染自然景物的鲜艳。元宵节傍晚，熔金似的落日，合璧般的暮云，多美的景致啊！但悲哀的心情使词人对着这春天黄昏的落日美景，发出了"人在何处"的慨叹。这慨叹是李清照对自己因国亡家破而漂泊江南的身世的感叹，是发自她内心的悲切之声……与刘辰翁的和作《永遇乐·璧月初晴》也不一样，刘词"悲苦过之"，直接抒写："满城似愁风雨"，"能赋词最苦"，"此苦又谁知否"，满纸悲、愁、苦，一览无遗。李清照的这首词之所以能做到不言哀而哀愁之情溢于言表，就是因为她在描绘景物抒发感情之中，善于运用种种对比：乐景与哀情，乐景与哀景，昔日盛装、乐情与今日憔悴、哀情，他人乐情与自己哀情，构成了明显的对照，突出地表达了自己哀怨愁苦之情，达到了一定高度的艺术境界。

——倪木兴《读李清照〈永遇乐〉偶得》

此词是李清照晚年流寓临安，在元宵节时所写。一、二句是描摹傍晚景色，四、五句进一步从视觉与听觉两方面渲染春意。“落日熔金，暮云合璧”的傍晚景色，已经暗示出夜晚必然晴朗，但词人却以“元宵佳节，融和天气，次第岂无风雨”相接，意在言外，值得再三玩味。全词用对比的手法表现词人内心的痛楚，从今日元宵的淡淡哀怨，到回忆中州盛日的欢乐生活，再回到眼前的憔悴、凄怆之情令人悲绝。词中以小见大，以个人今昔境遇之异，与伤时忧国之感交织在一起，强烈地表现了对故国和旧日生活的怀念。一百多年后南宋爱国词人刘辰翁诵此词，为之涕下。此词工致而不雕琢，如“落日熔金，暮云合璧”“染柳烟浓，吹梅笛怨”，精练简洁，通俗而不浅陋。又如“如今憔悴，风鬟霜鬓，怕见夜间出去，不如向帘儿底下，听人笑语”，自然顺畅，词意深沉含蓄，婉而不露。

——平慧善《李清照诗文词选译》

李清照《永遇乐》云：“落日熔金，暮云合璧。”“落日熔金”，词意初看似隔，未能即时得其形象。一九七一年，予在江西余江县，居处在山冈上，四围皆松林。每当秋日傍晚，见西北一带，山色如翠黛，长空云霞万里似锦，倏然变化，尤令人神往者，当落日衔山，将下未下之时，其色鲜红莹明，远看恰似炼钢炉中烧红耀眼通明之钢块，因叹易安体物之切，捕捉形象之敏快也。又宋人诗“远烧人荒山”，亦是此意。然此境须待山掩落日之后，则远处苍然起伏之山冈，其上部周延连绵一线，皆呈通明之胭脂色。而山后晚霞，一片火红，骤然见之，宛若远处荒山起火，层林尽烧也。可见虽同 写景，而尚有早晚差异之别，因悟古人铸词之精确，如非身见其景，则此句似亦是死句。故知会通古人诗词，当亦不易，创作固需生活为依据，解会亦需生活始能参悟也。

——冯其庸

此为李清照晚年所写元宵词，借流落江南孤身度过元宵佳节所产生的切身感受，寄托深沉的故国之思、今昔之感。开篇由佳节景象着笔，熔金、合璧、烟、柳、梅、笛，诸般物事烘染出一派“佳节”“融和”气氛。中间插入“人在何处”“岂无风雨”的闪念，体现出饱经沧桑者特有的忧虑心态。“来相召”二句，仍状节日人物之盛，谢却“酒朋诗侣”，则气氛陡转，跌入孤寂冷漠深渊。孤独中最易追怀往事，“中州盛日”六句，极写往年京华热闹欢乐，浓厚兴致；“如今”以下折转到当前，憔悴神态，寥落心理，与往昔形成强烈反差。末以藏身帘底听人笑语收结，无限凄楚，令人不堪卒读。全词以元宵为焦聚点展开纪叙，思路由今而昔再到今。今昔对比，以乐景写哀，以他人反衬，益增悲慨。无怪刘辰翁诵此词“为之涕下”“辄不自堪”（《须溪词》卷二）也。

——刘乃昌《宋词三百首新编》

第十一章

玉箫声断 旷世才女归何处

不怕风狂雨骤

李清照晚年的生活无疑是孤独凄凉的，她通过回忆当年的“胜赏”，将过去的美好生活和今日的凄凉、憔悴做对比，寄托故国之思，叹身世浮沉。

> 芳草池塘，绿阴庭院，晚晴寒透窗纱。玉钩金锁，管是客来吵。寂寞尊前席上，唯愁海角天涯。能留否？酴醾落尽，犹赖有梨花。
>
> 当年曾胜赏，生香薰袖，活火分茶。极目犹龙骄马，流水轻车。不怕风狂雨骤，恰才称，煮酒笺花。如今也，不成怀抱，得似旧时那？
>
> ——李清照《转调满庭芳》

满庭芳，因唐代吴融“满庭芳草易黄昏”诗句而得名，又名“锁阳台”“满庭霜”“潇湘夜雨”等。这首词里处处充满了词人的沦落之苦和故国之思。

池塘边香草芬芳，一片绿油油的庭院，有些阴凉。在这晴朗的傍晚，丝丝寒意浸透薄薄的窗纱。词人此刻的心思恰似这一池的水，表面安静无波澜，实则种种思绪都隐藏在深处，这其中有故国之思，有亲人之念，还有对朋友的怀念。

“玉钩金锁，管是客来唦。”弯弯的月牙点缀在夜空中，门上的金锁静静的低垂。如若往日，必定是和朋友一同赏月。可如今，却已经历了国破后的颠沛流离、丈夫的离去。短短数语不加修饰的白描，就将凄凉憔悴之处境写了出来。

“寂寞尊前席上，惟愁海角天涯。能留否？”面对席上的佳肴，总觉得少了些什么。美酒一杯一杯，寂寞一重又一重，想想沦陷的故国，似“海角天涯”般遥远，不能触及的过往，又涌上了心头。

“酴醿落尽，犹赖有梨花。”酴醿谢了，满地飘落，甚是令人惋惜。不过，还好有雪白的梨花开放。可终究是花开花落皆有意，花开人不在，花落情难留。

“当年曾胜赏，生香熏袖，活火分茶。”词人回忆当年“胜赏”的美好时光，穿着带有花香的衣袖围在炉边，等水沸腾后给友人分茶。那时的场景与今日“寂寞尊前席上”之凄凉形成鲜明的对比，让人不胜唏嘘。

“极目犹龙骄马，流水轻车。”信步走在大街上，远望着繁华的都市，车如流水马如龙。当年宋都的繁华不言而喻，这句字里行间不经意流淌的既有对故国深深的眷念，也有对朝廷的讥讽。

“不怕风狂雨骤，恰才称，煮酒笺花。”哪管外面狂风骤雨，一样才思涌动，煮酒赋新词。南渡以前的李清照写下了不少动人诗词，“绿肥红瘦”的海棠，“沉醉不知归路”的溪亭，都是脍炙人口的名篇。笺花，比喻美妙的词章。

“如今也，不成怀抱，得似旧时那？”而如今，物是人非，不敢想起那些美好的时光。

赢得满衣清泪

又是一年冬季，雪花飞舞，梅花悄无声息地绽放。以前每年下雪，李清照都会沉醉在插梅、赏梅之中。今年虽然梅枝在手，却无好心情去赏玩，只是漫不经心地揉搓着，不知不觉间泪水竟沾湿了衣裳。

> 年年雪里，常插梅花醉。挼尽梅花无好意，赢得满衣清泪。
>
> 今年海角天涯，萧萧两鬓生华。看取晚来风势，故应难看梅花。
>
> ——李清照《清平乐》

词人一生对梅花情有独钟。“年年雪里”赏梅，饮酒作乐，以至“常插梅花醉”。这“醉”字，不仅是酒醉，更表明词人为梅花、为爱情、为生活所陶醉。如今摘取梅花之后，却没有心情欣赏，而是在下意识的揉搓中使梅花变为片片碎屑。这种“无好意”的动作，反映出词人的心思不在梅花上，而在自己的身世上，内心的凄痛最终化作洒满衣襟的“清泪”。插梅与挼梅，醉赏梅花与泪洒梅花，前后相比，一喜一悲，反映了不同的生活阶段词人截然不同的心情。

在“萧萧两鬓生华”的年岁，词人却要背井离乡，孤身流落“海角天涯”。亡国的哀痛，丧夫的悲苦，一起涌上心头，哪儿还有心情赏梅呢？

最后的“看取晚来风势，故应难看梅花”，可能还寄托着词人对国事的忧心。古人常用比兴，以自然现象的风雨、风云，比政治形势。这里的“风势”既是自然的“风势”，也是政治的“风势”，即“国势”。稍后于李清照的辛弃疾的《摸鱼儿》中“更能消几番风雨，匆匆春又归去”，与此寓意相似，都寄寓着为国势衰颓而担忧的情绪。“梅花”指代美好事物，词人却道“难看梅花”，则是指国家遭难，而且颇有经受不住之势。在这种情况下，词人更是无心赏梅。身世之苦、国家之难糅合在一起，使词的思想境界为之升华。

这首《清平乐》篇幅虽小，却运用了多种艺术手法。从依次描写赏梅的不同感受看，运用的是对比手法。词中描写了赏梅而醉、对梅落泪和无心赏梅三个生活阶段，体现了三种不同感受，形成鲜明的对比，从而显现出词人生活的巨大变化。从上下两片的安排看，运用的是衬托的手法。上片写过去，下片写现在，但又不是今昔并重，而是以昔衬今，表现出当时词人飘零沦落、衰老孤苦的处境和饱经磨难的忧郁心情。

梦断愁浓 此情此恨

时光荏苒，动荡的年月或许已经过去，但心中的伤痛却无人可以抚平。孀居多年，李清照一个人经历了太多太多的事情，心已倦怠，泪已无声。漫漫长夜，还有谁会静静地倾听她心底的絮语？人生无常，就像手中还残留着昨夜的花香，今晨梦醒却再也望不见枝头那婉静的美好。再寻一个安定的归宿竟是如此的艰难，寻来寻去，到头来却只剩下她一人一天天熬日子。

> 梦断漏悄，愁浓酒恼。宝枕生寒，翠屏向晓。门外谁扫残红？夜来风。
>
> 玉箫声断人何处？春又去，忍把归期负。此情此恨此际，拟托行云，问东君。
>
> ——李清照《怨王孙》

“梦断漏悄，愁浓酒恼”，从梦中醒来，听到滴漏微弱的声音，心头更笼罩上厚厚的忧愁，以至于想，酒既不能消愁，为什么昨晚竟喝了那么多？漏悄，漏声渐止，指天将明。

“宝枕生寒，翠屏向晓”，躺在床上，觉得枕头渐生寒意，朝霞初现，晨光洒在翠屏之上。

“门外谁扫残红？夜来风”，门外是何人打扫了昨夜凋落一地的花瓣？可能是自夜里就刮起来的风吧。残红，指凋落的花瓣。

“玉箫声断人何处？春又去，忍把归期负”，箫声已断，不知人在哪里。又是一年了，你怎么就忍心撇下我，一去不回！玉箫声断，指吹箫人已去，即言丈夫亡故、音讯已断。

“此情此恨此际，拟托行云，问东君”，这样的情景，这样的恨，在这样的时刻，真的无法排遣，所爱的人究竟在哪里？看来只能托付于行云，让它去问问将至的日神了。东君，指太阳神，因太阳从东方升起，故称。

陈祖美曾将《孤雁儿》作为“赵明诚十周年祭”，虽不妥，但其思路值得肯定。不过，《孤雁儿》的“吹箫人去玉楼空，肠断与谁同倚”是悼词，是以当作于赵明城新亡之际。而此首之“玉箫声断人何处？春又去，忍把归期负”，悼亡之意显然有过了多年的意味，这有可能就是真正的“十周年祭”。

李清照之于赵明诚，亦如苏东坡之于王弗，都可谓伉俪情深。所谓十年为祭，其哀其伤，极为相像。

这首词的上片也如苏东坡《江城子》的下片，亦是由梦写起，所不同的是：苏词写梦中回乡、梦中相见、梦后感受；而此首词则是从梦醒起句，叙写周遭的清寂、自己的孤独无助以及对丈夫绵绵不尽的思念。“梦断”之际，显然也就是“年年肠断处”；而“门外谁扫残红？夜来风”则更意味深长。

词之下片写离情，诉别恨，悼亡夫，同苏词上片类似：“玉箫声断人何处？春又去，忍把归期负。”看似由情生恨，实则以怨衬情，幽幽哀怨，深深思念，即如“十年生死两茫茫，不思量，自难忘”；“此情此恨此际，拟托行云，问东君”，则分明也是在说“无处话凄凉”。其间，此情、此恨、此际三个“此”字连用，语势急促，更似凄切呼号，不胜哀伤。

最后的生命驿站

从李清照的作品来看，似乎她在六十多岁就搁笔了，这其中发生了什么变故后人不得而知。李清照是文坛上少有的长寿女词人，或许是学得苏轼“暂借好诗消永夜，每逢佳处辄参禅”的精神而放宽了心态，因此搁笔，也未可知。但有一点可以肯定，风景秀丽的杭州，成了李清照生命的最后驿站。

大约在绍兴二十五年（1155年），在萧瑟肃杀的秋风中，旷世才女李清照怀着对死去亲人的绵绵思念和对故土难归的无限失望，在极度孤苦、极度凄凉中悄然辞世，终年约七十一岁。

有人说，李清照是在七十二岁的一个黄昏去世的。但是，并没有人看到过她的尸体。传说，那天傍晚李清照一个人在河边，划起舴艋舟一直到了大海，然后再也没有回来。

不管传言如何，众所周知的是李清照的晚年一直过得孤寂凄凉，南宋的权贵们早已把她遗忘，甚至连她的卒年，在史书中亦无可考。

可是，李清照在众多爱国作家中为女性争得了一席之地，让后人看到了中国古代女性情感世界的另一面。不但如此，她还开创了女作家爱国主义创作的先河，为后世留下了一个爱国女性的光辉形象。

遥想易安当年，冰清玉洁韶华好，惊世绝伦，风华绝代。怎料得，时势突变，物是人非事事休。这若风扶柳之娇躯，居然经历了跌宕起伏的一生。

后记

李易安，一位才华横溢、懿德睿智、从锦衣玉食到颠沛流离的旷世才女，一朵不修藻饰、傲立千年文坛的绝世奇葩。清人这样评价她："易安在宋诸媛中，自卓然一家，不在秦七、黄九之下。词无一首不工，其炼处可夺梦窗之席，其丽处亦参片玉之班。盖不徒俯视巾帼，直欲压倒须眉。"是的，她是横绝一时独一无二的，是中国文学史上一等一的女才子，被誉为"词家一大宗"。

一首弹了千年的声声慢泊在水里，而青梅黄菊依然，一叶兰舟轻渡，赌书泼茶和着红藕深处的欢乐，仍有回响。阳关唱到千千遍，潇潇微雨闻孤馆。独抱浓愁无好梦，夜阑犹剪灯花弄。相思苦，但终会有团圆甜如蜜。雪砌空庭，寂寞泪染梅花袖，久困诗笺瘦。惆怅成结，月霜遍地轻寒后，晓色沁凉袖。无语泪空流，天上人间，云水相依旧。

然而国破家亡，沧桑暗换。清照，我多想给你一把檀木梳子，为你梳去三千丈的烦恼。你的一阕清词，怎么能挽回大厦之将倾？三更细雨，知你的焦虑越陷越深，如汪洋肆虐。黄昏到，你的双鬓如雪，萧萧华发无法抵消一纸凄凉。木兰舟泊在逼仄的水面，你吟唱着如梦令又流下了千行泪。

你也曾嬉戏于藕花深处，也曾蹴罢秋千倚门嗅梅，回眸偷觑翩翩少年郎。可是，欢愉的时光转瞬即逝，“萧条庭院，又斜风细雨，重门须闭”。院落清冷，重门紧闭，帘幕低垂，湮灭了斜风细雨。奈何，你始终看不破离愁别怨，深夜春寒，柔肠一寸愁千缕，相思唯有化作两行泪。

那年那月的那天，你于“寻寻觅觅，冷冷清清，凄凄惨惨戚戚”的蹒跚中，随手抓一把古色古香的词牌一抛，便成了一个朝代的符号。你孤身一人，如瘦瘦的慵懒黄花，脚踩十来个叠字的韵律，跌跌撞撞地碎步走过混合着胭脂与铁蹄的世道。

颠沛流离的日子里，你常借“三杯两盏淡酒”来打发那些惆怅。春寒料峭，鸿雁北归，孤倚窗棂，极目苍穹，只见得“归鸿声断残云碧，背窗雪落炉烟直”。此情此景，怎不叫风自叹息，云自伤怀？

参考书目

[1]陈祖美.李清照诗词文选评[M]. 上海：上海古籍出版社，2002.

[2]王学初.李清照集校注[M]. 北京：人民文学出版社，1979.

[3]杨合林.李清照集[M]. 长沙：岳麓书社出版社，1999年.

[4]周玉清.李清照评传[M]. 城都：成都科技大学出版社，1991.

[5]王延梯.漱玉集注[M]. 济南：山东人民出版社，1963.

[6]赵海梅.李清照[M]. 北京：中国华侨出版社，1996.

[7]徐北文.李清照全集评注[M]. 济南：济南出版社，1998.

[8]诸葛忆兵.李清照诗词选[M]. 北京：中华书局，2008.

附录

李清照诗词选

浣溪沙·莫许杯深琥珀浓

莫许杯深琥珀浓，未成沉醉意先融。疏钟已应晚来风。

瑞脑香消魂梦断，辟寒金小髻鬟松。醒时空对烛花红。

渔家傲·雪里已知春信至

雪里已知春信至，寒梅点缀琼枝腻，香脸半开娇旖旎，当庭际，玉人浴出新妆洗。

造化可能偏有意，故教明月玲珑地，共赏金尊沉绿蚁，莫辞醉，此花不与群花比。

行香子·天与秋光

天与秋光，转转情伤，探金英知近重阳。
薄衣初试，绿蚁新尝，渐一番风，一番雨，一番凉。

黄昏院落，凄凄惶惶，酒醒时往事愁肠。
那堪永夜，明月空床，闻砧声捣，蛩声细，漏声长。

瑞鹧鸪·双银杏

风韵雍容未甚都，尊前甘橘可为奴。
谁怜流落江湖上，玉骨冰肌未肯枯。
谁教并蒂连枝摘，醉后明皇倚太真。
居士擘开真有意，要吟风味两家新。

失调名·犹将歌扇向人遮

犹将歌扇向人遮，水晶山枕象牙床。

彩云易散月长亏，几多深恨断人肠。

罗衣消尽恁时香，闲愁也似月明多，直送凄凉到画屏。

多丽·小楼寒

小楼寒，夜长帘幕低垂。恨潇潇无情风雨，夜来揉损琼肌。也不似贵妃醉脸，也不似孙寿愁眉。韩令偷香，徐娘傅粉，莫将比拟未新奇，细看取，屈平陶令，风韵正相宜。微风起，清芬酝藉，不减酴醾。

渐秋阑，雪清玉瘦，向人无限依依。似愁凝汉皋解佩，似泪洒纨扇题诗。朗月清风，浓烟暗雨，天教憔悴瘦芳姿。纵爱惜，不知从此，留得几多时。人情好，何须更忆，泽畔东篱。

殢人娇·玉瘦香浓

玉瘦香浓，檀深雪散，今年恨探梅又晚。江楼楚馆，云间水远。清昼永，凭栏翠帘低卷。

坐上客来，尊前酒满，歌声共水流云断。南枝可插，更须频剪，莫待西楼，数声羌管。